Peter Reiter
Jede Angst auflösen

Verlag Via Nova

Peter Reiter

JEDE ANGST AUFLÖSEN

Schnell, sicher und
für immer

Verlag Via Nova

1. Auflage 2012
Verlag Via Nova, Alte Landstr. 12, 36100 Petersberg
Telefon: (06 61) 6 29 73
Fax: (06 61) 96 79 560
E-Mail: info@verlag-vianova.de
Internet: www.verlag-vianova.de / www.transpersonale.de
Umschlaggestaltung: Guter Punkt, München
Satz: Sebastian Carl
Druck und Verarbeitung: Appel und Klinger, 96277 Schneckenlohe

© Alle Rechte vorbehalten

ISBN 978-3-86616-227-3

INHALT

Vorwort von Claus-Peter Neumann 9

Einleitung 13
Entwicklung und Bewährung der Methode 13
Das Grundprinzip: gezielte Auflösung statt Verdrängung 21
Eine Methode für jedermann jederzeit 33

Teil I – Analyse: Was sind Ängste wirklich? 41
Das Zeitalter der Angst: Ängste bestimmen unser Leben 41
Wir wirken sich Ängste aus? 53
Was sind Ängste und wie erscheinen sie? 58
Woraus bestehen Ängste und wo befinden sie sich? 75
Wer erschafft die angstmachenden Überzeugungen? 88
Wozu dienen Ängste? – Die Hüter der Schwelle 104

Teil II – Praxis: Die konkrete Auflösung von Ängsten 111
Die 10 Schritte zur Angstauflösung 111
Bedeutung und Erklärung der einzelnen Schritte 121
Beispiele aus der Seminarpraxis 132
Tipps und Hilfen – für ein angstfreies Leben 141
Ausblick 151

Widmung

Meinen beiden jüngsten Kindern
Leon und Leilani Reiter gewidmet.
Mögen sie angstfrei durchs Leben gehen
und es mit anderen teilen.

VORWORT

Liebe und Lebensfreude ist da, wo keine Angst herrscht. Wir alle sehnen uns nach Liebe und Lebensfreude. Angst lähmt, macht uns starr und hilflos.

Mit diesem Buch zeigt uns Dr. Peter Reiter den Weg, öffnet das Tor zu einem Leben ohne Angst, für ein Miteinander in Liebe, Glück und Bewusstheit.

Wir alle sind Schöpfer unserer Wirklichkeit, jeden Augenblick. Die Welt ist das, wofür du sie hältst. Energie folgt der Aufmerksamkeit. Die Gedanken und die Gefühle dazu erschaffen die Wirklichkeit.

Zu den einschränkenden, an die Substanz gehenden Gefühle gehören unsere Ängste. Die Angst wird in der TCM (Traditionelle chinesische Medizin) dem Funktionskreis Wasser, den Organen und Meridianen Blase und Niere zugeordnet. Nicht umsonst sagt man, dass tiefgreifende Ereignisse „an die Nieren gehen", also an die Substanz.

Dem Funktionskreis Feuer sind die Organe Herz, Dünndarm sowie die Regelkreise Kreislauf und Dreifach-Erwärmer (u. a. Hormonsystem) zugeordnet. Als Emotion finden wir dort auch die Lebensfreude verankert. Das Organ Herz kann zugleich auch als Sinnesorgan angesehen werden: „Etwas auf dem Herzen haben"; „das liegt mir am Herzen".

Wir alle wissen, dass man mit Wasser Feuer löschen kann. Darum ist es auch nicht verwunderlich, wenn zu viel Angst (Wasser, Blase, Niere) vorherrscht, dass dann das Feuer eingedämmt wird, also sich keine dauerhafte Lebensfreude entwickeln kann. Wenn das Feuer erlischt, stirbt der Mensch.

Umso wertvoller ist es zu bewerten, wenn in diesem Buch endlich ein praktikabler Weg zu einer dauerhaften Befreiung von der Angst gezeigt wird. Wenn wir uns von der Angst befreien können, dann steht dem persönlichen Glück nichts mehr im Wege. Grundsätzlich können wir alles erreichen, alles erschaffen, was wir wollen. Die Willenskraft und die Richtung im Leben sind auch dem Funktionskreis Wasser, also Blase und Niere, zugeordnet. Wer ohne Angst lebt, dabei nicht übermütig ist, lebt länger und glücklicher.

Glücklicherweise konnte ich bei mir selbst und an mir selbst – als Teilnehmer eines Seminars von Dr. Peter Reiter beim Berufsverband BDHN e. V., dessen gewählter 1. Vorsitzender ich bin –, „live" miterleben, wie effektiv, schnell, ziel- und ergebnisorientiert sowie nachhaltig und tiefgreifend die von ihm entwickelten Methoden wirken. Gerade für mich als Therapeuten und Interessenvertreter eines naturheilkundlichen Berufsverbandes ist es wichtig, zu wissen, welche Therapiemethoden es gibt und welche davon als seriös einzustufen sind.

Es ist schön, dass es eine einfache, nachvollziehbare „Methode" gibt, um ein weitgehend angstfreies Leben führen zu können.

Ich wünsche daher dem Verfasser dieses für mich wertvollen Buches, Dr. Peter Reiter, von ganzem Herzen viel Erfolg und eine dementsprechende Resonanz sowie allen Lesern ein angstfreies und glückliches Leben.

Claus – Peter Neumann
1.Vorsitzender des BDHN
(Bund Deutscher Heilpraktiker und Naturheilkundiger e.V.)

DANKSAGUNG

An dieser Stelle möchte ich mich ganz herzlich bei all denen bedanken, die mir äußerlich und innerlich geholfen haben, dieses schöne und wertvolle Buch zu schreiben. Ganz besonders danke ich meinem Verleger und Freund Werner Vogel für die Möglichkeit der unzensierten Veröffentlichung und dafür, dass er meine Bücher, die eher langfristig angelegt sind, über viele Jahre vorrätig hält und so vielen Interessierten und Seminarteilnehmern zugänglich macht. Auch Herrn Gert Weissengruber möchte ich nochmals für die langjährige Geschäftspartnerschaft danken, die mein Buchschreiben mit ermöglicht.

Ganz besonders danke ich aber im engeren Freundes- und Familienkreis meiner geliebten Frau Aline, die mich mit Hingabe und Vertrauen durch all diese Abenteuer des Geistes begleitet hat, mit mir gereift ist und mir nun all die wahre Liebe schenkt, die ich mir immer erträumt habe. Danke für Dein großes Vertrauen in mich vom ersten Tag an und auch für die beiden wunderschönen Kinder, die Du uns geschenkt hast. Mögen wir dies zusammen noch lange genießen.

Mein aufrichtiger Dank gilt auch meinem Freund Sebastian Graf, unter anderem für das Refugium zum Buchschreiben und für seine langjährige Freundschaft, sowie meinem alten Jugendfreund Rudolf Pfitzner, der mich wirklich nie im Stich gelassen hat, wenn immer ich seine Hilfe brauchte.

Schließlich möchte ich hiermit meinen Dank und meine Wertschätzung ausdrücken an die, die geholfen haben, unser spirituelles Netzwerk ELA ins Leben zu rufen, vor allem Eva-Simone Heilmann, Fredi Huber und Gabriella Sulser. Ferner danke ich herzlich vielen meiner Schüler, die ich und die mich ins Herz geschlossen haben, die ich hier gar nicht alle nennen kann. Danke Euch allen, dass Ihr mir vertraut habt, meine Seminare besucht und mich für gewisse Zeit zu Eurem Weggefährten und Tourguide gemacht habt, dass ich zugleich so viel von Euch lernen durfte und wir unsere Geschenke miteinander teilen konnten. Gerne teile ich weiter mit Euch und freue mich, Euch wiederzusehen.

Einleitung

Entwicklung und Bewährung der Methode

Lange Zeit habe ich das Schreiben dieses so wichtigen Buchs vor mir hergeschoben, zumal ich kaum glauben konnte, was die praktischen Ergebnisse unserer Arbeit und Forschung im Bewusstsein zeigten, so sensationell waren sie. Während Psychologen zur gleichen Zeit immer neue komplizierte Techniken und sogar äußere Simulatoren entwickelten, um Ängste beim Klienten noch einmal hervorzuholen und wieder und wieder nacherleben zu lassen, um sie mehr oder weniger abzubauen, konnten wir die Ängste der Klienten in einer oder wenigen Sitzungen völlig auflösen. Warum? Ich bin schließlich zu der Meinung gelangt, dass dies gelang, weil wir erstens im Bewusstsein operierten und nicht im Außen und zweitens hier die passende Ebene des Bewusstseins angesprochen und darin mit dem Klienten gearbeitet haben. Wir haben entdeckt, dass Ängste nicht auf der physischen oder energetischen und nicht einmal der emotionalen Ebene zu lösen sind, sondern als mentale Konstrukte nur auf der mentalen Ebene der Überzeugungen und der kausalen Ebene der Entscheidung aufgelöst werden können, wo sie letztlich auch entstanden sind. Wir kamen ferner zu der Überzeugung, dass für die Transformation einzig Bewusstheit und Schöpfertum die Schlüssel sind, um jedwede Ebene des Menschen bearbeiten und die Inhalte verändern zu können. So sind dies auch die Schlüssel im mentalen und kausalen Bereich, um Ängste erfolgreich und schnell aufzulösen.

Um dies besser zu verstehen, erinnern Sie sich an Ihre Kindheit von ganz früh an. Wenn jemand als Kleinkind nach zahlreichen Versuchen Bewusstheit über den Körper erlangt, dann beherrscht er fortan den Körper zumindest im bewussten Bereich, kann jetzt selber laufen und sich bewegen. Wenn jemand Bewusstheit über die Emotionen erlangt und erkennt, dass er sie letztlich produziert und auch steuern kann, dann hat er die Wahl und Macht darüber. Und dasselbe gilt auch für den mentalen Bereich, wo vor allem die Ängste sitzen, denn sie sind letztlich Gedanken darüber, was sein oder werden könnte, und somit nichts anderes als mentale Konstruktionen eines führerlosen Verstandes, der zeitweise ohne Schöpfer und Herrscher sein Eigenleben in uns führt. Wenn aber jemand sich wieder als Schöpfer der Gedanken erkennt und sich bewusst wird, dass er letztlich dies alles selbst konstruiert und in seinem Bewusstsein erschaffen hat, dann kann er es auch wieder bewusst verändern oder löschen. Genauso, wie auf einem Computer nur dann die Programme selbst wieder deinstalliert werden können, wenn jemand bewusst erkennt, dass dies von ihm aufgespielte Programme sind und sie daher von ihm auch wieder deinstalliert werden können. So ist auch nur der fähig, in der Systemsteuerung des eigenen Bewusstseins als Programmierer zu agieren und das Unerwünschte zu deinstallieren, der hier Verantwortung übernimmt. Dies geschieht dann meist leicht und schnell, und genauso funktioniert auch die hier vorgelegte 10-Schritte-Methode der Angstauflösung.

Ängste kommen also nicht von äußeren Bedrohungen oder Umständen, sondern werden allenfalls von ihnen „getriggert" oder ausgelöst. Denn sonst hätten die Menschen in gleichen Umständen nicht derart verschiedene und derart irrationale Ängste. Sie sind mentale Programme, wie wir noch zeigen werden, und wir müssen nur erkennen, dass sie in Wirklichkeit nicht substantiell existieren, sondern nur Konstrukte (im Volksmund: Hirngespinste) unseres Geistes sind. Wir müssen dann dafür die Verantwortung übernehmen bzw. uns als Programmierer erkennen, dann haben wir die Macht, sie wieder zu löschen.

Jede Angst ist nun solch ein installiertes Programm, und die Natur selbst hat für unser Betriebssystem nur wenige davon mitgeliefert und vom

Werk aus auf unseren Computer aufgespielt, beispielsweise um uns zu schützen oder vor Gefahren zu warnen. Diese von mir sogenannten „biologischen" Ängste sind auch nicht das Problem, denn sie lösen sich nur bei konkreter Gefahr aus. Sondern das Problem sind die von uns selbst installierten Ängste, egal, ob ich sie selbst ausgedacht und konstruiert oder durch Erziehung übernommen oder sonstwie aus dem kollektiven Internet (dem kollektiven Bewusstsein) heruntergeladen habe. Man muss sich also klarmachen: Ich habe mich stets dazu entschieden (sonst wäre es ja bei allen so), habe dies aber vergessen oder verdrängt und bin jetzt das Opfer meiner eigenen Programme, wie auch manche Computernutzer Opfer ihrer eigenen Programme werden, die sie dann nicht mehr beherrschen und die dann auf dem Rechner machen, was sie wollen. Letztlich habe ich es einst – vielleicht leichtsinnig – so gewollt und entschieden. Dies wieder zu erkennen und sich als deren Schöpfer zu verstehen, dazu dient die von mir entwickelte Methode in 10 Schritten. Wenn ich wieder dieser geistige Schöpfer bin, dann kann ich alles imaginativ erschaffen, um die ebenso imaginative Angst aufzulösen.

Dazu gehört auch zu verstehen, dass hier nichts zu be- oder verurteilen ist, dass es keine wahren oder falschen Ängste gibt, allenfalls nützliche oder hinderliche. Ebenso, wie es auch keine an sich wahren oder falschen Gedanken gibt, sondern der Verstand eines geistigen Schöpfers hat es sich einmal so ausgedacht, dann für wahr gehalten, geglaubt und damit im System installiert. Wie schon Shakespeare zu Recht sagte: „Nothing is good or bad, only thinking makes it so." (Nichts ist an sich gut oder schlecht, nur das Denken macht es dazu). Und so kann das Denken auch alles oder jedes schlecht machen oder dem Menschen mit allem und jedem Angst machen. Es gibt doch wirklich nichts im Himmel und auf Erden, wovor nicht der eine oder der andere Angst hätte. Angst ist damit niemals rational oder begründbar, sondern wird unbewusst einfach so entschieden.

Daher ist der erste wichtige Schritt nicht, wie manche Psychologen glauben, das sich als Opfer glaubende Bewusstsein, also den hilflosen Klienten, die Angst immer wieder fühlen zu lassen, bis zum Erbrechen, oder immer wieder darüber zu reden, bis er dagegen immun ist oder es ihm nichts mehr ausmacht. Diese brutale Methode hat schon Goethe gegen die Höhenangst angewendet, indem er aufs Ulmer Münster stieg, um sich abzuhärten und die Angst zu überwinden. Wenn sie überhaupt funktioniert, so erfordert sie in jedem Fall viel Willenskraft, sich immer wieder ihr auszusetzen und den Schmerz oder Stress auszuhalten. Viel intelligenter ist es doch, statt die Angst in schwerem Kampfe besiegen zu wollen, sie einfach im Bewusstsein wieder aufzulösen, wo sie doch auch entstanden ist. Und wir wissen prinzipiell, dass es und wie es geht. Nehmen wir das überall bekannte Beispiel der Hypnose, schon der Disco-Hypnose, in der ein Hypnotiseur die Menschen Überzeugungen glauben lassen kann, die objektiv völlig falsch sind (ein Dreirad ist sein Traumauto oder eine Zitrone ein Apfel, die dann mit Genuss verspeist wird), und andererseits Dinge machen lassen kann, vor denen sie sonst große Angst hätten. Es geht also, wenn man nur den Glauben ändern könnte! Doch wollen wir ja nicht ständig in Hypnose oder Trance herumlaufen. Selbst von außen gegebene postsuggestive Befehle zur Angstauflösung halte ich für ungünstig, weil der Wille des Einzelnen damit nur überwältigt wird, er es aber nicht als Schöpfer frei entschieden hat. Ich will damit nur sagen, dass es prinzipiell geht und sogar schnell geht, sobald es rein im Bewusstsein verändert wird.

Heilung von Angst beginnt nach unserem Verständnis, indem der Klient wieder die volle Verantwortung übernimmt für seine Gedankenwelt, sich wieder als Schöpfer erkennt und dann selbst neue Befehle und Bilder in die Seele oder eigene Psyche hineingibt, die alten Programme selbst deinstalliert. Damit wächst und reift er zugleich mit jeder überwundenen Angst, er ermächtigt sich wieder als Schöpfer seines Lebens und Geistes. Nun haben wir insgesamt als Menschen gerade erst – und viele auch noch nicht – die Herrschaft über unsere Emotionen gewonnen, was wir auch „zivilisiert" nennen und wodurch wir uns vom wilden, unbeherrschten Animalischen unterscheiden. Doch von der Herrschaft über den Verstand, über die Gedanken, sind die meisten noch weit entfernt. Daher mussten wir eine Methode erfinden und ausarbeiten, die den Klienten Schritt für Schritt wieder in sein geistiges Schöpfertum bringt, wo er die Angst aufspürt, lokalisiert, dann kontaktiert, wo er sie als seine Konstruktion erkennt, dann wieder Verantwortung für sie übernimmt und sie dann als deren Schöpfer wieder auflöst. So ist die 10-Schritte-Methode entstanden in Anlehnung an die Übungen der Tibeter, zornvolle Gottheiten bewusst aufzulösen, und sie ist so lange nötig, wie der Mensch noch nicht Meister seiner Gedankenwelt ist, solange er noch an seine Gedanken glaubt und sie für wahr hält. Ist jemand erst einmal erwacht und sieht die Gedanken als „Stoff, aus dem die Träume sind", so braucht er vermutlich diese Anleitung nicht mehr.

Bisherige Bewährung in der Praxis

Die Methode selbst habe ich bereits vor vielen Jahren entwickelt und erprobt, aber erst im Jahr 2007 in meinem Buch „Dein Seelenhaus" (Via-Nova Verlag) versteckt unter anderen Übungen veröffentlicht. Absicht war es, zu testen, ob sie auch bei anderen Beratern oder Klienten, die es zu Hause machen, so leicht funktioniert wie bei meinen Schülern und Klienten. Viele Menschen, die mit ihr in den folgenden Jahren gearbeitet haben, auch die von mir ausgebildeten Seelenhaus-Berater, wären ja schon völlig zufrieden gewesen, überhaupt nur einige der auftauchenden Ängste damit auflösen zu können, denen sie bislang hilflos gegenüberstanden. Ja, wir alle wären ja völlig zufrieden gewesen, *auch nur einen Teil* oder einen Bereich der Ängste löschen zu können, oder zumindest bei *einigen* Klienten, zumal das Verfahren ja zugleich so leicht und schnell ging und man nicht damit rechnen konnte, dadurch alles auflösen zu können. Doch je mehr wir diese 10-Schritte-Methode über die Jahre angewandt haben, um so erstaunlicher stellten wir fest, auch in den Rückmeldungen der Anwender, dass sie nicht nur *bei allen Arten von Ängsten funktionierte*, sondern auch unabhängig davon, welche Form sie hatten oder wie und wo sie auftauchten. Egal, von welcher Qualität oder Quantität, ob sie nun groß oder klein, bedeutend oder unbedeutend, ob sie alt, uralt oder neueren Datums waren, ob sie den Körper, das Leben oder einen bestimmten Bereich betrafen, sie folgten alle demselben Prinzip. Wenn wir analysierten, warum es hier oder da einmal nicht funktionierte, so fanden wir immer eigenmächtige Abweichungen von den 10 Schritten. Darauf gehen wir später noch ausführlicher ein.

Durch diese für uns sensationellen Ergebnisse ermutigt, haben wir uns dann auch an die ganz großen Ängste gewagt, die in jedem Menschen tief im Unbewussten lauern, von denen die Mystiker aller Zeiten berichten, die „mystischen Ängste" aus der sogenannten „dunklen Nacht der Seele", wie sie heute aber auch in jeder tiefenpsychologischen Arbeit auftauchen. Sie werden entdeckt und ausgelöst, wenn man tief ins Bewusstsein geht, tiefe Meditation oder Bewusstseinstransformation durchführt, durch welche Methode auch immer. Hierzu gehört beispielsweise die Angst vor dem *völligen* Verlöschen, die Angst vor *ewiger* Verdammnis, die Angst vor dem *ewigen* Tod, die Angst vor *totaler* Verlassenheit, also die Idee, von Gott oder der Liebe für immer verlassen zu sein, und so weiter. Auch diese globalen und sich durch ihre Absolutheit auszeichnenden Ängste konnten aufgelöst werden, wenn der Betreffende bereit war, sich auf sie einzulassen, sie voll anzunehmen, zu fühlen und durch den Prozess zu gehen.

Es zeigte sich einfach *durch empirische Anwendung* der Methode – und ich bitte den Leser, dies einfach selbst zu erforschen und auszuprobieren und es nicht einfach nur zu glauben – ganz unabhängig davon, bei welchem Menschen und auf welcher Ebene die jeweilige Angst entstand oder sich befand, ob nun auf körperlicher (z.B. Höhenangst), energetischer und emotionaler (Angst vor starken Gefühlen), auf mentaler Ebene (Angst vor Verletzt- oder Verlassenwerden, Versagensangst) oder von noch höherer kosmischer Art wie die Angst vor Gott (ewiger Verdammnis) oder der Liebe, die Klienten konnten sie allesamt und in relativ kurzer Zeit auflösen, vorausgesetzt, sie hielten sich streng an die vorgegebenen Schritte.

Fazit unserer Erforschung:

Bei der Angstauflösung kommt es also nicht darauf an, woher die Angst kommt und wie groß sie ist – genauso wenig, wie es einen Unterschied macht, sich 10 Euro oder 1 Million Euro vorzustellen oder einen winzigkleinen oder großen Elefanten. Es kommt nur darauf an, sie zu fühlen, sie als eigene Konstruktion im eigenen Bewusstsein zu erkennen und sich zugleich als Schöpfer darüber zu wissen, der sie dann auflösen kann.

Natürlich gab es auch Rückmeldungen von einzelnen Beratern oder Klienten, die eine bestimmte Angst nicht auflösen oder nicht Herr über sie werden konnten. Doch auch hier hat sich bislang bei genauer Untersuchung gezeigt, dass entweder einzelne Schritte ausgelassen oder - vom Ego eingeflüstert – eigenwillig abgewandelt wurden. So dachten manche beispielsweise, die Angst ist schon vorher geschrumpft oder ist nun so klein, dass man gar nicht mehr in sie hineingehen muss. Andere dachten, sie bräuchten dies nicht zu fühlen, indem sie sich einen emotionalen Schutzpanzer bauten usw., oder andere sagten, sie wollten sie von außen auflösen. Alles Ideen, die nicht zu unserer Methode gehören, sie vielmehr aushebeln können. Daher werde ich auch in einem Teil dieses Buches erklären, warum jeder Schritt notwendig ist, obwohl dieses Wissen für die Anwendung selbst nicht nötig ist. Aber es könnte helfen, solche Fehler zu vermeiden. Bei nochmaliger korrekter Anwendung der 10 Schritte konnten wir bislang auch diese scheinbar „unnachgiebigen" Ängste auflösen. Bislang lag das Versagen immer an der nicht genau befolgten Methode, und deshalb mache ich schon jetzt darauf aufmerksam, sich zunächst einmal peinlich genau daran zu halten, auch wenn das Ego sagt, dies oder jenes könne man doch auslassen, dieses überspringen oder jenes sei nicht wichtig zu beachten. Selbst wenn man tatsächlich nicht immer alle Schritte braucht, so sind sie doch deshalb genau zu befolgen, um alle Möglichkeiten abzusichern und damit sie in allen Fällen auch wirksam sind.

Auch wenn wir bislang alle gefundenen oder uns gezeigten Ängste in der Praxis erfolgreich auflösen konnten, so will ich hier keineswegs behaupten, dass auch in Zukunft die Ergebnisse immer so sein werden. Die Resultate sollen und werden es zeigen. Empirische Ergebnisse können niemals das Gegenteil ausschließen, sondern nur eine gewisse Wahrscheinlichkeit darstellen. Dies bedeutet konkret, da wir alle diese Erfolge empirisch entdeckt haben, kann ich nicht ausschließen, dass wir in Zukunft auch Ängste finden werden, die sich der Methode widersetzen könnten. Dann müssten wir eben weitere Methoden erfinden, kein Problem. Doch selbst, wenn dem so wäre, und selbst, wenn diese Methode letztlich nur zu 50% wirksam wäre, dann wäre dies schon tausendmal besser als ohne sie. Dann wäre es immer noch ein großer Erfolg, so viele gängige Ängste der Menschen in so kurzer Zeit auflösen zu können, und somit ist sie es wert, überall verbreitet und den Menschen zugänglich gemacht zu werden.

Einfache Methode gegen die ständige Zunahme von Angst

Dies waren und sind unsere bisherigen Ergebnisse in den letzten 7 Jahren, und eben wegen der bislang absolut großartigen und sicheren Ergebnisse und weil dies auch so leicht und schnell und sicher zu funktionieren scheint, habe ich mich entschlossen, diese Methode nun explizit vorzustellen, sie noch mehr zu verbreiten, ihr hiermit ein eigenes kleines Buch zu widmen, in der sie umfassend beschrieben und ihre Anwendung detailliert dargelegt wird, sie somit einer hoffentlich breiten Öffentlichkeit zugänglich zu machen. Denn ständig scheint die Zahl der Menschen zuzunehmen, die unter Ängsten leiden, und auch scheinen sie immer neue Arten von Ängsten zu entwickeln. Darunter leiden nicht nur die Lebensqualität und Lebensfreude, so dass heute viele nur noch gequält daherkommen und/oder gestresst aussehen, weil die Ängste sie vor sich hertreiben. Viele trauen sich deshalb auch nicht, ihre Bestimmung zu leben, und können so keine Erfüllung im Leben finden.

Stellen Sie sich einfach mal vor, wie eine Welt ohne Angst aussehen würde. „Imagine", würde John Lennon sagen. Wie viel mehr Lebensglück und Lebensfreude könnten wir haben, wie viel mehr könnte sich unsere Aufmerksamkeit schönen und lustvollen Dingen zuwenden, wie viel mehr könnten wir kreativ sein, uns weiter entwickeln und uns gegenseitig viel näher sein, wie viel mehr könnten wir unser Potential leben. Wenn Sie es daher selbst erlebt und die Angstauflösung bei sich erfolgreich erfahren haben, sollten Sie es auch anderen weitersagen und damit zum konkreten Lebensglück anderer beitragen. Denn nur eine Welt ohne Angst ist wirklich lebenswert, sonst ist es nur ein Vegetieren oder bloßes Überleben. Verschließen Sie also nicht mehr die Augen, oder fliehen Sie nicht mehr wie so viele in Ablenkungen oder inneren Rückzug, sondern lassen Sie uns als bewusste Schöpfer eine Welt ohne Angst erschaffen. Wir beginnen bei uns, denn wie innen so außen, und schaffen einen neuen Garten Eden, in dem das Unkraut Angst beseitigt ist, damit eine neue Menschheit und eine neue Zeit entsteht. Dafür bedanke ich mich bei jedem Einzelnen.

Das Grundprinzip: gezielte Auflösung statt Verdrängung

Bei der hier vorgestellten 10-Schritte-Methode wird die Angst nicht unterdrückt oder auch nur als vorhanden toleriert und akzeptiert, sondern radikal aufgelöst. Vorher ist für uns das Ergebnis auch nicht genügend, selbst wenn die Symptome sich verbessern sollten. Damit steht die Methode im Kontrast zu den gängigen bisherigen Versuchen, Angst aus dem Bewusstsein zu verdrängen oder besser zu „beseitigen", das Gefühl dazu abzuschalten, wie dies bisher leider oft mittels Psychopharmaka geschehen ist. Damit ist die Angst aber nicht weg, so wenig wie die Wunde bei Einnahme von Schmerzmitteln, sondern nur der Schmerz ist kurz weg, der aber wiederkommt, sobald das Mittel nicht mehr wirkt. Die Angst wird einfach und meist auch nur zeitweise aus dem Wachbewusstsein verdrängt und/oder nicht mehr fühlbar gemacht, doch im Unterbewusstsein gärt und wirkt sie weiter. Ich will damit nur kurz das grundsätzliche Missverständnis aufzeigen, dass bisher hier und überhaupt in der westlichen Medizin geherrscht hat, wobei Symptombeseitigung als Heilung missverstanden wurde. Vor allem in den westlichen, materialistisch geprägten Staaten –ganz anders als in traditionellen östlichen – war die bisher gängige Methode, die auftauchenden Ängste vor allem mit stark wirkenden chemischen Medikamenten einfach wegzudrücken und damit die äußeren Symptome wie Gefühle und Verhalten. Dadurch hat man übrigens auch wünschenswerte Gefühle und andere Ausdrucksweisen des Bewusstseins „weggedrückt" und somit die Person seelisch kastriert oder zu einer Art von Pharma-Zombie gemacht.

Wenn überhaupt nach der Ursache geforscht wurde, so war es immer eine Ursache im Außen, über die der Klient keine Macht hatte: der böse Vater, der Krieg, die Umstände, die Armut, die Existenzbedrohung, die Feinde etc. Er konnte also nur getröstet oder zur Annahme dieser Ursache gebracht werden, ohne sie verstehen zu können. Meistens wurde danach nie gefragt, sondern die Angst wurde katalogisiert und dann medikamentös „eingestellt", wohlgemerkt nicht die Angst selbst, sondern deren körperliche oder seelische Auswirkungen wurden unterbrochen. So wie bei schwerem Seegang den Passagieren Tabletten angeboten werden, um Übelkeit (Seekrankheit) nicht aufkommen zu lassen. An den Wellen, am Seegang und an den Gefahren ändert dies natürlich nichts, auch nicht an meinen Überzeugungen, wie gefährlich dies für mich sein könnte. Nur die Emotionen dazu fehlen: Es ist mir alles, auch alles andere übrigens, völlig egal (hier habe ich eigene Erfahrung mit solchen Pillen bei der Überfahrt durch die Drake-Passage in die Antarktis). Bei dieser Methode bleiben die Ängste dann auch nur so lange weg, wie die Medikamente wirken, und kommen dann zurück. Gut für die Pharmaindustrie, denn jetzt muss ich ständig diese Pillen schlucken. Es wurden Ängste also nicht geheilt (sonst hätte man ja das Medikament wieder absetzen können), sondern nur massenweise und dauerhaft verdrängt, (weshalb ja auch die Medikamente ständig genommen werden müssen), was sich dann immer mehr darin äußerte, dass diese Ängste – wie alles, was man verdrängt – unter der Oberfläche weiter gegärt, sich vermehrt und ausgebreitet haben, was dann im Außen unbewusste und meist irrationale Aktionen und Reaktionen ungewollten Ausmaßes hervorgerufen, die seelische Störung also auf Dauer verstärkt hat.

Denn inzwischen weiß so ziemlich jeder, der sich mit Bewusstsein beschäftigt: Was immer man im Bewusstsein (übrigens auch in der Natur) unterdrückt, es kommt eines Tages irgendwo und anderswo mit Wucht zurück und wird dann unkontrolliert und zerstörerisch. Ängste wie auch alle anderen Gefühle im Menschen sind letztlich ein wichtiges Ausdrucksmittel des Bewusstseins wie Monitore am Computer oder etwa wie eine Alarmanlage in einem Atomreaktor, und sie einfach auszustellen oder gezielt abzuschalten, ist eine entsprechende Dummheit mit langfristigen Folgen für das ganze System. Allenfalls kann man sie kurzzeitig ausschalten, in vollem Bewusstsein ihrer Botschaft, aber nur, um dann sofort die nötige Analyse und Korrektur, also die Heilung einzuleiten. Aber in keinem Fall würde ein vernünftiger Mensch alarmierende Zeichen missachten. So geschieht es aber ständig in der Psychiatrie, wo man meint, ruhigzustellen wäre die Lösung. Gewisse Vertreter dieser „Lösungsmethode" schrecken nicht einmal davor zurück, Schulkindern gefährliche Drogen wie Ritalin (gibt es nur auf Rauschgiftrezept) zu verabreichen, und dies sogar ständig. Doch auch jene werden einst das kosmische Gesetz kennenlernen: Was du säst, wirst du ernten. Die karmischen Auswirkungen solcher „Hilfe" an wehrlosen Mitmenschen und Kindern werden nicht lange auf sich warten lassen, wie sich mir in vielen Reinkarnationssitzungen immer wieder gezeigt hat.

Die Ursachen der Ängste und ihre Auswirkungen auf Motorik und Aufmerksamkeit werden so jedenfalls nicht gefunden und natürlich erst recht nicht gelöst. Es gibt hier auch keinen Sinn zu entdecken oder etwas zu lernen. Die Krankheit ist nach jenem Weltbild niemals sinnvoll, sondern ein zufälliger Fehler, der repariert werden muss. Es ist also eines der größten Ungeheuerlichkeiten unserer derzeit kranken oder nach Eckhart Tolle sogar „wahnsinnigen Kultur", Ängste wie auch andere wichtige Gefühle, mit denen die Seele nach Hilfe ruft, einfach zu sedieren oder zu unterdrücken, wobei sicher noch manch andere unerwünschten Nebenwirkungen auftreten. Auf jeden Fall führt dies zu einer ständigen Entfremdung des eigenen Bewusstseins, das unheimlich und bedrohlich wird, führt zu immer mehr und immer größeren unterbewussten Inhalten, die dann den Menschen bedrängen und sich schließlich auch in der Wahrnehmung des Außen wieder bemerkbar machen.

So entsteht nicht Heilung, sondern ein Teufelskreis, der irgendwann im Zusammenbruch endet. So muss dann die Unterdrückung ständig stärker dosiert, alles immer mehr verdrängt oder auch der Mensch immer mehr abgelenkt werden, bis er entweder völlig träge und apathisch, oder aber völlig zerstreut ist mit pausenlosen Ablenkungen oder ständiger Kompensation. Dies bedeutet beispielsweise, er muss immer mehr Medikamente, Alkohol oder Arbeit oder Sex oder was auch immer haben, um das in ihm Angestaute nicht fühlen zu müssen. Beweis dafür ist die ständige Zunahme und immer stärkere Verschreibung von Psychopharmaka, sind immer mehr psychische Krankheiten, in immer stärkeren Exzessen wie Amoklauf an Schulen, sind die drastische Zunahme von Burn-outs und auch dadurch steigende Fehlzeiten von Arbeitnehmern, wie die Krankenkassenreports zeigen. Statistisch gesehen wird es ja tatsächlich immer schlimmer, nicht besser, trotz aller Pharmaka, und hier zeigt sich klar die Sackgasse, in die wir kollektiv laufen. Menschen werden immer mehr sediert, abgelenkt, selbstentfremdet und krank, schließlich auch körperlich. Dies alles nur, um diese inzwischen aufgelaufenen Ängste und Gefühle nicht fühlen zu müssen. Überlegen Sie selbst: Wo soll das (kollektiv) enden? Wo wird das enden? Stellen Sie sich einfach einmal vor, für einige Wochen gäbe es keinen Alkohol, keine Pillen und Psychopharmaka, auch keine Schlafmittel, keine Zigaretten und auch kein Fernsehen oder Videospiele. Was wäre dann? Ein interessantes Bild, nicht wahr? Dann käme alles hoch, was wir derzeit unterdrücken, und wir würden sehen, wie krank die Menschen wirklich sind.

Fazit: **Gefühle sind nur dann gefährlich, wenn man sie nicht fühlt.** Dann wirken sie unterbewusst weiter, und der Mensch entfremdet sich immer mehr. Daher ist die einzige gesunde Alternative, die Gefühle wie auch die Ängste wieder kontrolliert zugänglich zu machen, sie zu fühlen, und dann können wir sie auch gezielt auflösen. Dies ist das Prinzip der 10-Schritte-Methode, die Angst niemals verdrängt, sondern ganz im Gegenteil konkretisiert, fokussiert, konfrontiert, integriert und auflöst.

Auflösen ja, aber wie? Von innen oder von außen?

Nun sind einige progressive Forscher und Psychologen ebenfalls zu dieser grundsätzlichen Erkenntnis gelangt, dass Unterdrückung langfristig nichts bringt, sondern uns nur schadet. So kamen einige moderne Psychologen zu demselben Schluss, dass Ängste daher notwendig aufzulösen sind. Aber wie? Solange Bewusstsein nicht als Funktion des immateriellen Geistes begriffen und dessen Funktionsweise immer noch nicht verstanden wird, solange heute immer noch materialistisch gedacht wird und das Bewusstsein, der Beobachter noch eine Funktionen der Materie sein sollen, so lange wird und kann dies nicht gelingen. Denn Bewusstsein ist etwas völlig anderes als materielle Objekte, ist nach Ansicht der Mystiker (und mancher Quantenphysiker) sogar die Grundlage der sogenannten Materie, die doch nur im Bewusstsein existiert, wo sonst? So lange kann auch das alte hermetische Wissen „Wie innen – so außen, wie oben, so unten" nicht verstanden werden, und man ist gezwungen, weiter im Außen zu suchen, um Angst aufzulösen.

Ein Beispiel für einen solchen materialistischen Ansatz ist die kürzlich erfolgte Entwicklung einer hochtechnischen Simulationsanlage, in der, ähnlich wie in einem Flugsimulator, virtuelle Realitäten wie Kriegsereignisse simuliert werden können. Traumatisierte Menschen werden da hineingeschickt und erleben nun dosiert immer wieder die Auslöser der Angst oder ihres Traumas, lassen die Angst immer wieder aufleben, bis der Klient nicht mehr darauf reagiert. Dies soll dann Heilung sein. Es werden hier also mit immensen Geldbeträgen (vermutlich vom Steuerzahler) Studios aufgebaut, in denen die (bemitleidenswerten) Probanden immer wieder und so lange ihrem alten Trauma oder Angst im Außen ausgesetzt werden, bis sie sich schließlich irgendwie damit abfinden und es akzeptiert wird. Wie intelligent ist nun diese neueste Errungenschaft? Hier wird doch klar abgestumpft und nicht aufgelöst. Und schon gar nicht die oft tiefsitzende Angst, sondern nur der Trigger, der Auslöser, wird entwertet, abgestumpft. Doch gibt es sicher noch weitere Auslöser.

Humorvoll ausgedrückt wäre das etwa so, als wenn wir beispielsweise jemandes Schmerz heilen wollten, der an der Wange verwundet ist, indem wir ihm jetzt ständig neue Ohrfeigen geben und so lange immer wieder an diese Stelle schlagen, bis die Backe taub ist oder er sich damit abfindet, oder aber der Körper eine Hornhaut bildet oder es ihm einfach nichts mehr ausmacht, er resigniert. Oder um ein anderes Beispiel zu nehmen, wäre es so, als würde man einen Klienten mit Höhenangst immer wieder vom Kirchturm werfen und mit viel Aufwand unten auffangen, um ihn durch diese Wiederholung des Schreckens von seiner Höhenangst zu befreien. Selbst wenn dies funktionieren sollte, es ist eine brachiale und menschenverachtende Methode, die vielleicht nur noch mehr Angst erzeugt, als sie aufzulösen vorgibt. Denn ständiger Reiz ermüdet, das ist richtig, aber was ist dann geheilt, wenn der Schmerz oder Horror einfach abstumpft oder nicht mehr oder nicht mehr so intensiv wahrgenommen oder vielleicht sogar akzeptiert wird?

Hier wird zwar richtig erkannt, dass diese Dinge aufzulösen sind, indem sie wieder konfrontiert und so kurz wieder ins Wachbewusstsein kommen müssen, aber der Weg von außen über die bloße Erfahrung und Wahrnehmung heilt nicht die tief in der Seele liegenden Ursachen, und dies ist mit allen Methoden so, die das über das Außen versuchen. Hier werden weder die geistig-seelischen Ursachen noch die bestehenden mentalen Muster und Überzeugungen geheilt, welche die Ängste überhaupt möglich machen und begründen. Wenn ich beim Militär ständig unter Gewehrschüssen und Kanonendonner über ein Übungsgelände gejagt werde, irgendwann werde ich nicht mehr darauf *reagieren*, das ist richtig. Aber sind mit der fehlenden oder abgeschwächten Reaktion auch die Ursachen beseitigt? Werden hier wirklich ungünstige Entscheidungen oder Glaubenssätze korrigiert, die das Entstehen eben dieser Angst verursacht haben? Natürlich nicht. Ich habe lediglich die Reiz-Reaktionskette unterbrochen, aber nicht die innere Angst und deren Ursachen aufgelöst und schon gar nicht die Lektion gelernt, die die Angst für den klugen Menschen bereithält. Man unterbindet einfach ein Glied der Ausdruckskette, wie wenn ich einfach am Computer den Bildschirm abschalte, ohne aber die Programme zu löschen. So sehe ich zwar nichts mehr auf dem Bildschirm, freue mich über die „gelungene Heilung", aber dies ist keine Lösung für den Computer. Sobald ein neuer Bildschirm angeschlossen wird, entsteht seltsamerweise das Problem wieder neu, vielleicht ja mit anderen Farben....

Oder aber man versucht durch Gesprächstherapie oder eben dieses ständige Reizen von außen – also durch Simulatoren oder durch ständiges Erinnern und Darüber-Sprechen in der Therapie –, dass der angstauslösende Reiz seinen Auslösecharakter verliert und der Klient sich einfach irgendwie damit abfindet. Zwar ist dieser Ansatz schon intelligenter als medikamentöses Abstellen oder Unterdrücken, da zumindest eingesehen wird, dass man Ängste so nicht verdrängen kann, sondern sie zum Bearbeiten oder Auflösen zunächst wieder ins Bewusstsein holen muss. *Sind sie aber hervorgeholt, müssen sie ursächlich und wirkungsvoll und nicht bloß symptomatisch geheilt oder abgestumpft werden.* Einfach nur darüber zu sprechen, erreicht nicht die Ebene, auf der sich Ängste befinden. Sie können eben nicht gedacht, sondern müssen gefühlt werden. Und selbst wenn sie nun „im weiteren Fortschritt" der Psychologie auch in den modernen Simulatoren einfach immer wieder ausgelöst und wirklich gefühlt werden, so reicht dies nicht aus. Denn der Klient als Opfer wird dies immer wieder hilflos erleben, selbst wenn es abstumpft, und *nur der Klient als Schöpfer der Angst allein kann sie ausschalten.* Daher gilt:

Nicht Reize oder Dinge, nur Bewusstsein kann Bewusstsein heilen.

Der Versuch aber, sie nur über das Außen zu manipulieren, ist genauso sinnvoll, wie einen Computer von außer her manipulieren zu wollen. Probieren Sie es mal. Natürlich kann ich irgendwo den Stromkreis unterbrechen oder etwas abschalten, aber ich verändere dadurch nicht die Programme auf dem Rechner. Im Gegenteil unterbreche ich damit meist auch andere, wichtige Funktionen oder Ausdrucksmöglichkeiten. Es zeugt nicht gerade von einer Kenntnis des Bewusstseins, sondern noch von der unterschwelligen materialistischen Ansicht unserer Zeit, dass Ängste wie Dinge seien, die irgendwie von außen kämen oder induziert würden, oder zumindest innerliche Dinge seien (eben nicht Programme), und der Mensch eine Maschine sei, die man ebenso von außen reparieren kann, ein Ding wie andere Dinge auch. (Anmerkung: Haben diese Psychologen eigentlich nichts von den Entdeckungen der modernen Physik gehört, dass der Beobachter allein entscheidet, ob Licht Welle oder Teilchen ist?) Sogar die Physik selbst, deren Objekt ja die Materie ist, kommt zu dem Schluss, dass die uns umgebende Welt wesentlich von einem Beobachter mitgestaltet wird, der wiederum die in Superposition bzw. die nur als Wahrscheinlichkeiten existierenden Möglichkeiten in konkrete Realität kollabiert. Und der Beobachter muss logischerweise etwas anderes sein als das Beobachtete. Somit gehen die bisherigen psychologischen Verfahren der westlichen Kultur von einer (inzwischen völlig überholten) sehr materialistischen Sicht des Menschen als Maschine aus, die man durch bestimmte Einwirkungen von außen, durch Worte, Medikamente oder auch mechanische Reize (Elektrostimulation) manipulieren kann.

Diese Ansicht war im Abendland übrigens nicht immer so, aber andere Strömungen als die, den Menschen wenigstens als harmonisches Energiesystem zu sehen (Mesmer, Reich, die Radionik), wurden stets ausgegrenzt, und daher wurde auch die Akupunktur sehr lange abgelehnt. Und schon völlig abwegig war die Idee in dieser alten Art von Psychologie (im Extremfall Behaviorismus), den Menschen konkret als freies geistiges, schöpferisches Wesen zu betrachten und entsprechend zu behandeln, und nicht als Laborratte. Über jene hat man dann ja auch versucht, menschliches Verhalten zu erforschen, aber herausgekommen ist lediglich das Verhalten von Laborratten.

Erst über östliches Gedankengut oder die transpersonale Richtung sickerten langsam, sehr langsam solche Ideen herein, sind aber bis heute im Mainstream noch kaum integriert oder akzeptiert. Die Idee oder das Prinzip der bislang gängigen und sich selbst gegenüber den neuen Erkenntnissen der Gehirn- und Bewusstseinsforschung verschließenden materialistisch-psychologischen Weltanschauung ist es, von außen nach innen zu wirken, oder von einem Ding auf ein anderes, weil es hier nichts als Dinge gibt, und so kann Bewusstsein überhaupt nicht verstanden werden.

Sinnvoller wäre es, endlich zu erkennen, dass im Computer wie im Bewusstsein einfach *Programme* steuern, die anders als die Dinge *reine Information* sind, die dennoch die Macht haben, diese äußeren Dinge zu steuern und ihre Reaktionen auszulösen, und dass es doch viel einfacher wäre, diese Programme zu verändern anstatt die Folgen. Dazu muss man verstehen, wie Bewusstsein funktioniert und dass nur über das Bewusstsein Inhalte des Bewusstseins dauerhaft verändert werden können (weil es eben kein Ding ist). So haben es übrigens die meisten anderen Völker jenseits unseres Kulturkreises gesehen, und auch die Menschheit der bekannten Historie immer so gehalten, wie ich kurz darlegen will.

Kleiner Exkurs: Das materialistische Weltbild als historische Ausnahmeerscheinung

Ich kann mir hier die Bemerkung nicht verkneifen, dass dieses derzeit noch dominierende materialistische Weltbild nur eine Rand- und Ausnahmeerscheinung in der Geschichte des menschlichen Geistes war und ist. Fast alle Völker und Kulturen, wie auch die Religionen zeigen, und auch die meisten Philosophien und Theologien gingen seit Anbeginn der historischen Zeit davon aus, dass der Mensch eine Seele, ein Geist oder geistiges Wesen ist, dem ein freies Bewusstsein zukommt, und dass dieses Bewusstsein, dieser „purus intellectus", wie noch die Scholastiker sagten, dieser reine Geist die Essenz des Menschen ist und er daraus sein Schöpfertum, seine Freiheit, seine Gottebenbildlichkeit bezieht. Dies war eine durch die Zeiten durchgehende und immer wiederkehrende Philosophie und auch die Basis aller bekannten Geheimlehren, wie unterschiedlich im Detail sie auch waren. Man nannte sie daher zu Recht die „philosophia perennis", die ewige oder durchgängige Philosophie der Zeiten. Der Materialismus kam erst sehr spät in unserem Kulturkreis auf und ist zumindest nach Aussagen der großen Physiker, wie beispielsweise Max Planck, eine wissenschaftlich nicht mehr haltbare These, alles ist zumindest in Wellen und Wahrscheinlichkeiten untergegangen. Demnach ist dieses seltsame Weltbild auch wissenschaftlich überholt.

Daneben war auch dem gemeinen und gesunden Menschenverstand schon immer klar, dass der Mensch nicht nur aus einem Körper besteht, der nur nach vorgegebenen Gesetzmäßigkeiten und chemischen Reaktionen funktioniert. Sonst wäre nicht nur jede Religion (und Religion gab es seit Urzeiten), sondern auch unser Rechtsempfinden und unsere Rechtsprechung sinnlos, ja sogar ein Widerspruch. Denn wenn das so wäre, dann könnte man einen Menschen niemals für irgendetwas verantwortlich machen, ihn niemals kritisieren oder gar anklagen wegen einer Wahl, die er getroffen hat, denn alles ist ja eine Reaktion des Systems, für das er nichts kann, so wenig wie eine Pflanze, die eben wächst, wie sie wächst, nach mechanischer Ursache und Wirkung. Und man könnte ihn schon gar nicht versuchen zu etwas zu überreden, wenn man ja weiß, dass alles deterministisch, also durch chemische und neurologische Faktoren vorbestimmt abläuft. Aber schon vor aller Wissenschaft, in der ganzen Historie der Menschheit bis zurück zur Steinzeit gab es instinktiv ein gegenteiliges Empfinden, wurden Menschen für ihre Taten oder Worte zur Verantwortung gezogen und bestraft, ganz anders als Tiere. Ihnen billigen wir im Allgemeinen auch keine freie Wahl zu, weshalb wir nur deren Reaktionen zu steuern versuchen (wie es noch bis heute die materialistische Psychologie bei Menschen versucht). Wir glauben zu wissen bzw. wir haben immer schon innerlich gewusst und danach auch gehandelt, dass der Mensch eine von Reizen unabhängige Wahl treffen kann, und hier auch unter gleichen Umständen und Außenreizen der eine eine andere Wahl trifft als ein anderer, oft gegen alle Wahrscheinlichkeit und Erbanlagen. Menschen wussten somit immer schon instinktiv oder intuitiv, dass der Mensch auch immer frei und neu entscheiden *kann*, und dies notwendig aus einer anderen Ebene heraus als der Materie, die der Ursache und Wirkung unterliegt.

Zudem fühlen wir dies alle innerlich, sonst hätten wir auch keine Entscheidungsprobleme, denn die Dinge nähmen dann nach Ursache und Wirkung ihren vorbestimmten Lauf. Übrigens auch kein Rechtssystem, denn Unrecht setzt ebenso eine Wahl voraus, die es ja dann nicht gäbe. Satre spottet über solche Ansichten und meint sogar, wir allein seien verdammt zur Entscheidung, wir kämen nicht umhin, freie Entscheidungen zu fällen, und das ist wahr. Denn selbst wenn wir entscheiden würden, nicht oder nicht mehr zu entscheiden, so ist das eine Entscheidung, die so lange gilt, bis wir neu entscheiden. Doch auf diese Freiheit des Menschen und die Verantwortung daraus können wir in diesem Buch nicht weiter eingehen, dazu mehr in meinen anderen Büchern wie „Die Kunst der Lebensfreude" oder „Der Seele Grund" oder „Die zeitlose Weisheit".

Grundlage der 10-Schritte-Methode ist ein spirituelles Weltbild.

In Bezug auf unsere Methode gehen wir hier einfach von dem sowohl uralten wie neuen spirituellen Menschenbild aus, dass der Mensch jenseits der Phänomene ein Beobachter ist, somit selbst Bewusstsein, ein Selbst, ein geistiges Wesen, dass sich hier mit einer bestimmten Persönlichkeit und dann weiter mit einer Energieform/Energiekörper und schließlich einem physischen Körper umgibt oder umkleidet. Nur deshalb können wir ja Körper wie Gefühle, wie Gedanken als Äußeres oder Anderes wahrnehmen, eben weil wir in unserem Inneren etwas anderes sind als diese. Ich als immer derselbe nehme meine wechselnden Gedanken, Gefühle wahr, wie sie ständig kommen und gehen, ein sich dauernd verändernder Fluss. Also kann ich, der sie konstant wahrnimmt und als Beobachter konstant derselbe bleibt, nicht jene Gefühle und Gedanken sein. Nach dieser Auffassung ist der Mensch ein geistiges Wesen, welches durchaus in der Lage ist, *neue Ursache-Wirkungs-Ketten in Bewegung zu setzen*, also neue und innovative Entscheidungen zu treffen, die es vorher noch nicht gegeben hat. Wer diese Freiheit leugnet, der kann allerdings nichts anderes tun, als einfach zu versuchen, die Maschine von außen zu reparieren oder zu sedieren, also chemisch lahmzulegen, die Symptome so gering wie möglich zu halten oder durch medikamentöse, operative oder elektrische Mittel „wegzumachen", ohne etwas an den inneren Ursachen oder den Programmen im Bewusstsein ändern zu können.

Wer aber auch nur diese schon dem gemeinen Menschenverstand vertraute Freiheit der Wahl dem Menschen zugesteht, und erst recht nach religiösem Verständnis, der kann ihn nicht mehr als Maschine, als *Objekt*, als Laborratte sehen, sondern muss ihn als *Subjekt*, als die Objekte mitgestaltender Schöpfer sehen, der sich selbst seine Persönlichkeit bildet, ob nun bewusst oder noch unbewusst, und damit auch die eine oder andere Mangelerscheinung oder ungünstige Kreation wie Hass oder Neid oder auch die zahlreichen Ängste. Sie werden damit einfach zu ungünstigen Schöpfungen des Menschen, so wie in Tibet der mystische Schüler lernt, sich bewusst auch zornvolle Gottheiten in seinem Geiste zu erschaffen. Ängste sind folglich eine Konsequenz seiner eigenen Entscheidungen, die es dann einfach zu korrigieren gilt, anstatt sie zu ignorieren und ihre Folgen zu unterdrücken. Dies geschieht immer wie nach altem geistigem bzw. hermetischem Gesetz von innen nach außen und niemals von außen nach innen. Dazu braucht es *keine Mechaniker, sondern geschickte Programmierer.*

Fazit:

Dies bedeutet also, dass nach unserem Modell – und darauf ist diese 10-Schritte-Methode aufgebaut oder darin begründet – der Mensch die Ängste in seinem Bewusstsein wieder bewusstmachen und fühlen muss, er kommt also um die kurze Konfrontation nicht herum. Doch dies genügt nicht, er muss auch seine Urheberschaft anerkennen und Verantwortung übernehmen. Dann erst kann er neu entscheiden und die Ängste von innen auflösen, so wie ein Computerfachmann ein Programm aus der Systemsteuerung eines Computers löscht und nicht etwa nur den Bildschirm manipuliert. Wäre der Mensch nur eine materielle Erscheinung, so könnte allerdings nur mit materiellen Mitteln auf ihn eingewirkt werden. Ist er allerdings ein geistiges Wesen, das sich seine seelische Welt und die Interpretation seiner Welt selbst erschafft – wie wir es auch ständig in der Psychoanalyse sehen können, da hier jeder Mensch die „objektiven Phänomene" der Welt anders wahrnimmt, anders interpretiert und andere Schlüsse daraus zieht als ein anderer bei gleicher äußerer Realität –, dann folgt daraus, dass der Mensch nun genauso gut, wie er die bisherigen Interpretationen und auch Ängste erschaffen hat, diese auch wieder entschaffen bzw. auflösen kann und zugleich fähig ist, an ihrer Stelle etwas Besseres zu erschaffen.

Eine Methode für jedermann jederzeit

Diese Art der schnellen Angstauflösung nicht durch den Therapeuten oder gar durch Chemikalien, sondern durch den wieder schöpferischen und verantwortlichen Klienten selbst ist zugleich typisch für die psychologischen Methoden des neuen Bewusstseinszeitalters (welches das jetzige Informationszeitalter in Kürze ablösen wird). Diese Angstauflösung ist ein Verfahren, ähnlich wie auch meine anderen „Dynamischen Heilmethoden" und viele andere moderne Methoden, die sich dadurch auszeichnen,

- dass sie von jedem leicht verstehbar und nachvollziehbar sind,
- dass sie vor allem fühlbar und erlebbar sind,
- dass sie schnell, effizient und sicher wirken,
- dass sie wiederholbar und reproduzierbar sind,
- dass sie den Menschen als geistigen Schöpfer sehen und seine Freiheit akzeptieren,
- dass sie rein im Bewusstsein vollzogen werden ohne großen äußeren Aufwand,
- dass sie daher auch jederzeit und überall einsetzbar und anwendbar sind.

Darüber hinaus benötigen sie selten externe Fachleute oder Therapeuten, und wenn ja, dann nur für relativ kurze Zeit. Vor allem bei großen Ängsten oder Widerständen ist es manchmal ratsam, sich Fachleute zu holen, um nichts zu übersehen, aber auch, um sich führen zu lassen und somit alles besser erleben und erfahren zu können. Doch die meisten Anwendungen sind leicht alleine oder zu zweit mit einem guten Bekannten oder Partner durchzuführen und können vom bewussten und verantwortlichen Klienten schöpferisch und eigenverantwortlich zum Erfolg gebracht werden. Dazu braucht es keine großen Fachkenntnisse, Vorkenntnisse oder Ausbildungen, der gesunde Menschenverstand und das authentische Fühlen genügen.

Aus diesen Gründen ist auch die vorliegende 10-Schritte-Methode zur Angstauflösung kein spezielles, sondern *ein universelles Mittel*, um jede Art von Angst im Alltag und auch jeden anderen Widerstand im Bewusstsein schnell und sicher aufzulösen. Sie müssen dabei nicht einmal wissen, woher sie kommt, wie sie entstanden ist u.v.m., sondern Sie gehen einfach von der vorhandenen Angst aus und machen die 10 Schritte. Die Methode ist daher überall, jederzeit und ohne Aufwand anwendbar, auch von jedem beliebigen Menschen, der den Willen dazu aufbringt, den Prozess Schritt für Schritt zu machen, und ferner bereit ist, das Gefundene zu fühlen und dann neue Entscheidungen zu treffen. Er muss dies nicht einmal verstehen, nur entscheiden und machen. Denn nur die Auflösung über das Fühlen ist authentisch, die Auflösung über den Verstand ziemlich wertlos und damit sinnlos, wie jeder weiß, der schon einmal versuchte, jemandem eine Angst auszureden.

Diese universelle Anwendbarkeit ist ein großer Vorteil dieser Methode. Sie kostet – wenn überhaupt – wenig an Geld und Zeit, man braucht auch keinen äußeren Aufwand, weder materieller, noch rituller noch energetischer Art; ja nicht einmal viel eigene Zeit, was ja heute sehr wichtig ist. Sie braucht auch keinen besonderen Raum oder besondere Umstände. Sie ist daher eine sehr reine und innerliche Methode, denn sie kann von allen dazu bereiten Menschen jederzeit und überall *rein mental* ausgeführt werden. Sie hilft ihnen zugleich, mit dieser Wiedergewinnung von Bewusstheit über ihren Mental- und Gedankenbereich wieder bewusster Mitschöpfer ihres Lebens zu werden. Sie hilft ihnen wieder, *bewusst* zu denken und damit ihre gesamte Gedankenwelt wieder zu beherrschen und sie somit willentlich verändern zu können, statt als Opfer der für wahr gehaltenen, zufälligen Gedanken dahinzuvegetieren und sich von scheinbar äußeren Umständen und eingebildeten Ängsten terrorisieren zu lassen und dann ein fremdbestimmtes Leben zu leben, wie es viele Menschen leider noch immer tun.

Welche Annahmen sind für den Benutzer der Methode hilfreich?

Das Wichtigste ist, dass er wieder realisiert oder eine Ahnung davon bekommt oder zumindest einmal probeweise diese Thesen annimmt, dass

- er ein *geistiges* Wesen ist, welches sich seine Persönlichkeit und Psyche selbst gestaltet,
- er ein *schöpferisches* Wesen ist, das sowohl die Macht wie auch die Mittel hat, das eigene Bewusstsein mitzugestalten und umzuformen,
- er ein *freies* Wesen ist, kein durch irgendetwas Bedingtes, und er stets neu entscheiden kann, welche Gedanken und mentalen Inhalte er haben bzw. nicht haben will,
- es also prinzipiell möglich ist, auch Ängste im Geiste bewusst entstehen und wieder vergehen zu lassen, ähnlich wie es die Tibeter mit ihren Visualisationen machen,
- er zugleich prinzipiell *die Verantwortung übernimmt* für das in der Vergangenheit Entschiedene und in seinem Geiste Heruntergeladene und für die Folgen daraus.

Dies bedeutet, auch wenn er in der Vergangenheit sich gewissen Bedingungen unterworfen und nun in bestimmte Muster und Weltanschauungen verstrickt hat, die ihm Angst machen, und er ihnen jetzt als Opfer ausgeliefert zu sein scheint, dass er dennoch jederzeit das volle Recht und auch die Freiheit hat, wie einst der verlorene Sohn im NT, radikal umzukehren, alles wieder neu und, wenn nötig, völlig anders zu gestalten, dass er sich damit auch wieder die Freiheit nimmt, sein Bewusstsein beliebig neu zu formen und alle bisherigen Ängste und hinderlichen seelischen Muster aufzulösen oder zu transformieren.

Wichtig ist allein das eigene Erleben und Erfahren.
Dies wird übrigens auch ganz empirisch jedes Lesers *eigene Erfahrung* sein, wenn er diese Übung der Angstauflösung konsequent bei sich selbst anwendet. Niemand muss hier etwas glauben, sondern kann selbst erfahren und vor allem fühlen, dass es funktioniert, dass Angst keine Substanz hat und nur ein Gedanke ist, dass er neue Entscheidungen treffen und in seinem Bewusstsein umsetzen kann, dass er somit seine alten Überzeugungen und darunter auch seine eigenen Ängste auflösen und sich neue Ebenen des Bewusstseins erschließen kann. Er wird somit selbst in seinem Inneren erleben und gewahr werden, dass er ein freies und schöpferisches Wesen ist und ihm niemand vorzuschreiben hat, wie er sein Bewusstsein gestaltet, dass auch keine äußeren sogenannten Sachzwänge dies verhindern können. Und auf die Frage, wie er es denn gestalten soll, kann die Antwort nur lauten: Wie er es als Schöpfer will, und das einzige Kriterium könnte allenfalls sein, glücklich zu sein und befreit zu leben. Denn dies ist das Endziel aller Wesen, soweit sie mir bekannt sind. Selbst wenn er etwas anderes wollte, wie etwa „Schweinehirte", so wäre dies sein Recht als Kind Gottes, um es mit dem christlichen Begriff zu erläutern.

Doch all das hier theoretisch Erörterte und die kommende Untersuchung, was Angst eigentlich genau ist und wie sie entsteht und wirkt, ist für die praktische Umsetzung, lieber Leser, keineswegs eine Voraussetzung, Sie können dies nun wissen, glauben oder auch nicht. *Die Methode funktioniert in jedem Fall, wenn Sie nur diese Schritte in Ihrem Bewusstsein vollziehen*, weil jeder Mensch dasselbe Bewusstsein hat oder vielmehr dasselbe

Bewusstsein ist. Denn diese Methode basiert auf der tatsächlichen Realität des Bewusstseins, und nicht nur auf Glauben oder Überzeugungen, sonst könnte sie allenfalls nur für diejenigen funktionieren, die daran glauben oder darum wissen. *Doch dem ist nicht so.* Die hier beschriebenen Schritte basieren auf kosmischen Gesetzen, genauso wie die Schwerkraft immer funktioniert, auch für die, die nicht daran glauben. Wir werden in einem weiteren Abschnitt dies noch genauer darlegen.

Daher müssen Sie all dies nicht wissen, auch nicht glauben, sondern allenfalls für möglich halten. Wir haben über die Jahre erstaunt festgestellt: Welche Menschen auch immer diese 10 Schritte konsequent gehen, alle kommen sie an dasselbe Ziel, können immer die Angst genau definieren und damit umgehen, finden auch immer ein Geschenk hinter der Angst, finden ein neues Level des Geistes, ohne vorher auch nur im Mindesten mit der Theorie vertraut zu sein oder dies vorher zu wissen. So waren es Menschen unterschiedlichster Religion oder Glaubensrichtung, mit sehr verschiedenen geistigem Hintergrund oder Erfahrungshorizont. Ob wir es bei Jung oder Alt, bei Kindern, Jugendlichen oder Greisen, ob wir es mit einfachen oder intellektuellen oder gar spirituellen Personen probiert haben, immer kommen unabhängig von Kultur und Religion analoge Erfahrungen bei der Angstauflösung zustande. Beispielsweise findet jeder immer auch ein Geschenk, und sogar ein sinnvolles, was ja zunächst nicht selbstverständlich ist. Auch geht man von der aufgelösten Angst immer in eine neue, lichtvolle Ebene. Oder stets ist das Wetter gut, wenn die Angst gelöst ist, und schlecht, wenn noch etwas Ungelöstes existiert usw. All diese Menschen können sich nicht abgesprochen haben, und so beweist dies einen gemeinsamen Erfahrungsgrund, wie beispielsweise die Nahtoderlebnisse in aller Welt sich unabhängig von Kultur und Religion doch so sehr ähneln und damit ebenfalls auf einen gemeinsamen Erfahrungshorizont oder besser realen Erfahrungsgrund verweisen.

Dennoch werden wir uns nur für diejenigen, die es interessiert, noch einmal theoretisch mit der Angst befassen und sie grundlegend zu verstehen suchen. Die anderen nur an der Praxis Interessierten mögen daher das nächste Kapitel überspringen. Doch auch wenn es keine Voraussetzung braucht, um die Methode überall und mit jedem anzuwenden, so ist es durchaus *hilfreich*, zu verstehen und zu verinnerlichen, dass der Mensch ein freies, schöpferisches geistiges Wesen ist, das er sich die Inhalte seines Bewusstseins selbst erschafft oder zumindest aus dem kosmischen Internet des kollektiven Bewusstseins herunterlädt und somit auch die volle Verantwortung trägt für das, was sich hier und jetzt in seinem Bewusstsein befindet. Dies führt auch zu einer ganz anderen Art von Verantwortlichkeit, und damit geht die Übung einfach schneller und leichter. Leider gibt es heute noch viele Menschen, die sich nicht zutrauen, die Verantwortung zu übernehmen, nicht nur für das, was sie sprechen und tun, sondern auch für ihren Bewusstseinszustand und dessen Inhalte. Sie haben die alte Weisheit vergessen, die schon Jesus oder die Essener gelehrt haben, dass *du erntest, was du gesät hast, und allein das.* Oder umgekehrt, wie auch schon Buddha seine Schüler lehrte: Das, was jetzt im Bewusstsein ist, hast du vorher eingegeben, und was du jetzt eingibst, wird deine Zukunft sein. Heute kann dies jeder Programmierer leicht nachvollziehen. Aber diese Einsicht ist auch eine Ermächtigung, dass nämlich ich der Programmierer meines Bewusstseins bin, und damit auch meiner Ängste, und deshalb kein Opfer mehr bin, sondern mein Bewusstsein als Schöpfer ändern kann. Dies bringt auch immer mehr Bewusstheit in das Leben im Hier und Jetzt, so dass ich immer verantwortlicher nur noch erwünschte Gefühle und Gedanken hege, so dass ich zukünftig keine ungewollten Ängste mehr „ernten" bzw. deren Folgen und Gefühle erfahren muss.

Fazit der einleitenden Erörterung:

Diese Methode ist also ein von Weltanschauungen und Religion unabhängiges und damit reines Mittel, das für jeden Menschen geeignet ist, der visualisieren kann, selbst für Kinder. Es spielt somit wirklich keine Rolle, ob ein Leser den hier dargelegten Gedanken zustimmt oder nicht. Auch muss es niemand verstehen, nur ausprobieren und selbst erfahren. Denn ein Lesemeister ist noch kein Lebemeister, wie der kluge Meister

Eckhart sagt. Daher wird nicht mittels intellektuellen Verstehens, sondern mit jeder Anwendung dieser Methode die eigene Erfahrung der Zusammenhänge größer werden, und man wird über das Tun lernen wie ein Meisterschüler. Ferner bekommt man durch die Anwendung mehr und mehr Selbstvertrauen in seinen Geist, nicht nur seine Ängste, sondern auch andere Inhalte des Bewusstseins anzuschauen, zu ändern oder aufzulösen. Man erfährt dadurch wieder seinen schöpferischen Willen und seine Geistesfreiheit, erlebt wieder, Schöpfer seiner selbst und seiner Welt zu sein. Man wird dadurch auch selbst die Erfahrung machen, wie im Geiste die wahren Ursachen aller Erscheinungen gesetzt werden, wie die Samen auch der Ängste gesät werden, die dann in Gefühl und Körper erscheinen und nicht etwa umgekehrt. *Erfahrung ist besser als jede Belehrung,* und diese empirische Erfahrung wird den Menschen in die Lage versetzen, immer mehr von seinem wahren Selbst aus zu operieren, immer freier zu entscheiden und die eigene Willenskraft mehr und mehr – frei und ohne Rücksicht auf angebliche äußere Sach-Zwänge – einzusetzen und schließlich frei und selbstbestimmt zu leben und zu lieben. Ein solches angstfreies und selbstbestimmtes (vom Selbst bestimmtes) Leben wünschen ich und mein Team allen Lesern von ganzem Herzen.

Viel Spaß beim Lesen und Ausprobieren.

Teil 1- ANALYSE:
Was sind Ängste wirklich?

Das Zeitalter der Angst:
Ängste bestimmen unser Leben

Angst ist inzwischen die wohl verbreitetste und gravierendste Krankheit unserer Zeit, welche die Inder das schlimme Kali-Yuga nennen. Kaum ein Mensch auf diesem Planeten, der nicht darunter leidet. Sicher hat es Ängste immer schon gegeben, aber meistens waren sie auf eine konkrete Situation gerichtet oder ein bestimmtes Ereignis, abgelöst wieder von Phasen der Beschaulichkeit, Fröhlichkeit oder Zufriedenheit, wie man es bei Naturvölkern auch heute noch beobachten und selbst miterleben kann. Doch in der modernen Welt hat sie schon lange ihre natürliche Funktion als Anzeiger konkreter Gefahren im Hier und Jetzt verloren, ist vielmehr selbst zu einer Gefahr geworden, inzwischen sogar zu einer großen Bedrohung, die viel Kreativität wie auch authentischen Selbstausdruck der Menschen lähmt und ihnen die Lebensfreude nimmt. Angst ist gar zu einem Modetrend der heutigen Zeit geworden, so dass es sich fast verrückt anhört, wenn einer zu sagen wagt, er habe momentan keine Angst und könne sogar angstfrei und freudig leben. Fragen Sie einfach einmal den nächstbesten Menschen, Nachbarn, Arbeitskollegen oder Bekannten, ob und wovor er Angst habe, und er wird ihnen eine ganze Liste von Ängsten nennen, die ihn mehr oder weniger bedrücken. Wir haben körperliche Ängste, u.a. um unsere Gesundheit, wir haben seelische Ängste wie jene vor Versagen oder Verlust der Partnerschaft, wir haben soziale Ängste, z.B. vor Statusverlust und Ächtung, und sogar geistige Ängste – dies sind mental konstruierte Ängste vor *abstrakten* Dingen, die real gar nicht existieren, wie bspw. die Angst vor dem Auslöschen, vor dem Nichts, vor der Bedeutungslosigkeit, vor einem Teufel oder strafenden Gott, vor dem Weltuntergang oder den Außerirdischen oder vor dem Nichterreichen der Erleuchtung und viele mehr. Über die Einteilung der Ängste, ihre Ebenen und ihre „Rangfolge" werden wir noch sprechen.

Ängste also, wohin man blickt, und in jedem Bewusstseinszustand. Im sinnlichen oder animalischen Bewusstsein haben wir Angst um Arbeitsplatz, Essen, vor Naturkatastrophen, also vor allem den Körper und das Wohlbefinden betreffende Ängste. Im intellektuellen Bewusstsein haben wir Angst davor, dass die falsche Partei an die Macht kommt, vor virtuellen Erregern oder Verlust der Partnerschaft, Angst vor sozialer Bloßstellung und Ächtung, also vor allem Ängste um die Persönlichkeit oder die Familie, wie Angst vor Verletzung der Kinder (massenweise Impfungen und Schutzkleidung noch beim Dreiradfahren), und im spirituellen Bewusstsein Angst um die Erde, Angst vor materieller Verhaftung, vor Sinnlichkeit, vor Geistern und Dämonen oder einfach vor dem Verpassen der Erleuchtung, um es mal salopp zu sagen. Vor allem, was je passieren könnte, und das ist viel, hat man nun Angst zu haben, und wer dies nicht hat, ist beispielsweise in Bezug auf Kinder „verantwortungslos". Alles in Gottes Hand zu legen oder dem Leben zu vertrauen gilt als Irrsinn.

Die kollektiven Folgen solcher Massenangst

Wenn es aber tatsächlich stimmt, wie man heute immer mehr feststellt, was nicht nur die moderne Quantenphysik andeutet und im Film „The Secret" und „Bleep" ausführlich dokumentiert und dargelegt wurde, dass nämlich Gedanken Kräfte sind, die dann über mehrere Stufen unser Leben bestimmen, dann haben wir von der Zukunft wahrlich nichts Gutes oder Schönes zu erwarten. Denn danach würden Angstgedanken Angstgefühle auslösen, was wiederum zu angstbesetztem oder aggressivem Verhalten führt, das wiederum eine entsprechende Weltsicht, Wahrnehmung, einen Zustand und schließlich eine Realität der Angst herbeiführt bzw. die bestehende noch verstärkt, eine Art Teufelskreis.

Daher ist es nicht nur für den Einzelnen, sondern für die ganze Gesellschaft unabdingbar, sich jetzt mit diesem Thema auseinanderzusetzen und solche zukunftsprägenden Ängste in irgendeiner Form aufzulösen und zu bewältigen. Sonst werden wir immer mehr genau das erleben, wovor wir jetzt Angst haben. Die moderne Psychologie kann dies bestätigen, und selbst die Vertreter der modernen Physik behaupten inzwischen, dass sich unsere physikalische Realität stets nach der Entscheidung und den Gedanken des Beobachters gestaltet. Dies ist inzwischen eine wissenschaftlich nachprüfbare Tatsache, die allerdings von der Geisteswissenschaft und vor allem Mystik schon von alters her gewusst und postuliert wird, zusammengefasst in dem Satz: „Dir geschieht nach deinem Glauben." Gedanken, eben auch die der Angst, werden je länger umso intensiver zu Gefühlen, und die wiederum bestimmen die Reaktion und das Verhalten des Menschen, somit über längere Zeit die Formung seines Charakters und seiner persönlichen Wirklichkeit. Inzwischen weiß man aus vielen Experimenten, dass die Fokussierung des Bewusstseins genau das anzieht und konkreter macht, worauf es gerichtet ist. Dies bedeutet, dass das Ausleben, Ausagieren der Angst, sich in Angst wälzen, sich in Angstgedanken ergehen oder auch nur das bloße Dulden und Zulassen von Angstgedanken und -gefühlen einer entsprechenden Realität erlaubt, sich zu manifestieren und Wirklichkeit zu werden.

Wenn das Genannte zutrifft – und nicht nur das Geheimwissen aller mystischen Schulen sowie der Religionen, sondern auch die moderne Wissenschaft deutet darauf hin –, so sollte uns zutiefst erschrecken, worauf wir ständig unsere Aufmerksamkeit richten. Prüfen Sie selbst für sich und für die Ihnen nahestehenden Personen? Ist die Mehrzahl der Gedanken und Gefühle aufbauend und positiv oder ist die Mehrheit der Aufmerksamkeit eher auf negative Überzeugungen und Vorstellungen gerichtet? Kollektiv lässt sich dies noch leichter beantworten, indem Sie einfach die Massenmedien, deren Nachrichten und Magazine anschauen bzw. die täglichen Zeitungen und Zeitschriften studieren als Ausdruck unseres derzeitigen Massenbewusstseins. Der Großteil der Nachrichten handelt von Angst, und die Meldungen der Sensationspresse, die meisten Bilder und Kommentare sind wohl eher negativ und Angst einflößend als positiv und Vertrauen schaffend. Natürlich gibt es auch positive Nachrichten, sensationelle neue Erfindungen oder unglaubliche Heilungen oder neue Methoden, das Leben zu verbessern. Aber dies ist völlig uninteressant im Vergleich dazu, dass hier Neugeborene plötzlich sterben, dort ein Familiendrama, hier Krieg und Kampf stattfinden, dort eine neue Epidemie auf uns zukommen wird, eine Klimakatastrophe bevorsteht, unser Gesundheits- und Rentensystem, ja das ganze Finanzsystem zu kollabieren droht. Doch nichts toppt die Highlights wie Vogel- oder Schweinegrippe, obwohl die bei den meisten nie aufgetaucht sind. Die Verteilung von negativ-positiv ist hier nicht einmal 50 : 50, sondern sehr stark ins Negative verschoben. Warum eigentlich?

Dies hat einen einfachen psychologischen Grund. Im Lauf der Evolution war Gefahr immer lebensbedrohend, es musste sofort reagiert werden, und daher wirken angstauslösende Bilder, Situationen oder Gedanken viel alarmierender auf den Menschen. Angst war in der Evolution ja sinnvoll und als gelegentliches Alarmsignal wichtig und überlebensnotwendig, und daher zieht es sofort die Aufmerksamkeit an. Doch zu jener Zeit hat gerade mal unsere Sippe die nächste Umgebung überschaut, heute haben wir die Angst der ganzen Welt auf den Bildschirmen und in den Massenmedien. Wegen dieser Überlebensreaktion wirken negative Schlagzeilen und bedrohliche Bilder schneller und ziehen die Achtsamkeit und das Interesse viel mehr auf sich als andere. Da die Mediengestalter dies wissen, übrigens auch die Filmemacher und Spiele-Produzenten, können sie mit diesen negativen, angstauslösenden Bildern auch viel mehr und schneller Zuschauer und Leser gewinnen und „fesseln", das führt wiederum zu größerem Gewinn, und das ist alles, was hier zählt. Denn es geht nicht darum, Menschen zu informieren oder gar zu bessern oder ihnen zu helfen, sondern die Aufmerksamkeit der Zuschauer wird der Werbebranche verkauft, und je mehr Zuschauer, desto mehr Profit, der mit positiven Infos und Dokumentationen nicht zu erreichen wäre. Diese müssen sogar oft subventioniert werden.

Die geistigen und seelischen Folgen für die Menschen, sowohl persönlich wie für die ganze Gesellschaft, besonders für die Jugend, werden dabei nicht oder kaum beachtet. Doch es sind natürlich nicht nur die Macher und Medienleute, die dies zu verantworten haben. Sie folgen nur den Konsumenten, den Lesern und Zuschauern, die dies freiwillig auswählen und durch ihre Kaufentscheidung oder Einschalten dieses System fördern. Sie könnten es jederzeit ändern, indem sie diese negativen Nachrichten nicht mehr konsumieren. Allerdings ist hier der Grad an Unbewusstheit noch sehr hoch, und nur wenige wissen von der Macht der Gedanken, die sie sich reinziehen, dass diese wiederum über die entsprechenden Gefühle und Handlungen ihre persönliche Wirklichkeit mitgestalten und mitbestimmen und sie sich plötzlich in einer Welt voller Angst wiederfinden.

Deshalb wurde von wohlmeinenden Pädagogen und Publizisten immer wieder der Versuch gemacht, mehr positive Informationen und Nachrichten zu senden bzw. zu veröffentlichen. Doch bleibt dies erfolglos, solange der dargelegte Angst-Mechanismus existiert, der über die angebliche und manchmal sogar nur virtuelle Bedrohlichkeit die Aufmerksamkeit der Menschen magisch anzieht. Erst wenn man es schafft, und dies scheint der einzig gangbare Weg zu sein, das Angstniveau, wie die Ängste überhaupt, in den Menschen zu reduzieren, dann erst wird es auch im Außen weniger werden. Denn mit dem Auflösen der eigenen Ängste verliert auch der „normale", bisher sensationslüsterne Zuschauer sein Interesse an solchen angstbesetzten Bildern, Meinungen, Nachrichten, auch fiktiven Filmen. Wenn ich bspw. keine Angst vor irgendwelchen Krankheiten wie Krebs oder Vogelgrippe mehr habe, dann interessieren mich auch diesbezügliche Berichte und selbst sensationelle Aufmachungen darüber nicht mehr so sehr, zumindest kann ich mich neutral damit befassen und werde nicht mehr davon magisch angezogen.

Der Ansatz zur Lösung muss und kann also nicht lauten, angstauslösende Situationen, Nachrichten, Bilder, Überzeugungen auf Dauer fernzuhalten und den Klienten wie in einem Schutzraum davon zu isolieren oder abzuschirmen, wie es übrigens die klassische Psychologie oft versucht, wenn sie nicht gleich mit Medikamenten die Wahrnehmung trübt oder sogar abschneidet. Natürlich kann man so den Einfluss auf den Menschen minimieren, aber nicht lange. Er würde sofort wieder steigen, sobald der

Schutzraum oder die Medikation weg ist, und nichts wäre gewonnen. Kein Problem für die Schulmedizin, sie lässt Patienten notfalls auch lebenslänglich sedieren, was irgendwann aber zu heftigen Gegenreaktionen der Seele führt. Der integrale und auf Dauer gesunde Ansatz muss vielmehr lauten, *die inneren Ängste und nicht die äußeren Auslöser zu reduzieren*, sodass die Auslöser ins Leere laufen und keine Ängste mehr erzeugen können. Wenn ich keine Ängste mehr bei Horrorfilmen entwickle, sondern über die „reitenden Leichen" sogar lachen kann, so können noch so viele Auslöser oder Zombies mir keine Angst mehr machen. Doch solange ich die Angst in mir habe, und selbst wenn ich äußere Auslöser meide, so ziehen sie nach dem Gesetz der Resonanz automatisch und wie magisch stets weitere Ängste oder angstbesetzte Situationen im Außen an sowie weitere angsterzeugende Gedanken, Bilder und Vorstellungen im Inneren – ein Teufelskreis. Wird aber dieser innere Magnet gelöscht, so zieht er auch nichts ihm Entsprechendes mehr an, und somit lässt das Interesse der Menschen an solchen Dingen völlig nach; sie interessieren sich einfach nicht mehr so sehr für diese Art von Information und Kommunikation. So kann es zu einer dauerhaften und stabilen Lösung kommen, und eine solche bieten wir hier an, ein sicheres Auflösen innerer Ängste.

All diese Ängste hat es natürlich auch schon früher gegeben, aber dann kamen erst der Buchdruck, dann die Zeitungen und Zeitschriften dazu, dann die Bilder, die Filme (Kino), die Videospiele und DVDs und immer neue Medien. Heute bekommen wir über das Internet, über die vielen digitalen Fernsehkanäle, mit dem angewachsenen Ausmaß an Informationen aus den letzten Winkenl der Welt auch viel mehr bedrohliche Situationen und Ängste übermittelt, die wir früher gar nicht wahrgenommen hätten, wie etwa Katastrophen in fernen Ländern oder konkretes Kriegsgeschehen am anderen Ende der Welt, aber auch viele schreckliche Familiendramen und Storys, die früher nie an unser Ohr gedrungen wären. So werden wir mit einer Vielzahl an schrecklichen Szenen konfrontiert wie niemals zuvor, ohne uns dessen wirklich bewusst zu sein, und – was noch schlimmer ist – ohne etwas dagegen machen zu können. Denn die Angst zieht wirklich magisch Angstbesetztes an, immer und überall.

Wenn man nun das derzeitige Innenleben der meisten modernen Menschen betrachtet, kann es einem angst und bange werden. Tag und Nacht – es fängt schon beim Frühstücksfernsehen oder der Boulevardzeitung an – wird der Einzelne gefüllt mit immer neuen Schreckensmeldungen, Naturkatastrophen, Atomunfällen, Verkehrstoten, Epidemien und Krankheiten, Schweinepest und Vogelgrippen, neuen Grippeviren und natürlich dem Krebs, der noch immer unbesiegt wuchert, dazu kommen die Finanzkrise, Immobilienkrise, angstmachende Berichte ums Geld und geschürte Existenzangst, Staatspleiten und negative Zukunftsvisionen. So kämpft er sich durch den Tag, und selbst wenn er alles seelisch verdrängt oder verkraftet, sein Körper zeigt unmissverständlich die darauf folgenden Stress-Symptome. Denn, so ist wissenschaftlich belegt, der Körper kann nicht unterscheiden zwischen realer Gefahr und vermeintlicher Gefahr. Er reagiert, ganz sicher, wenn der ständige Alarm nicht abgeschaltet wird, mit Überlastung und Krankheiten.

Die Hitliste der führenden Ängste der Deutschen

Wir wollen diesbezüglich einmal in das Innere eines Durchschnittsdeutschen schauen und vor allem sein derzeitiges Angstniveau betrachten, welches besonders gut erforscht und dokumentiert ist und jährlich neu gemessen wird in der fortlaufenden Studie „Die Ängste der Deutschen", deren Ergebnisse sich auch im Internet finden lassen. Aus den Zahlen für 2011 geht hervor, dass über 2/3 aller Deutschen Angst haben vor wirtschaftlichen Problemen wie steigenden Lebenshaltungskosten. Hier zeigt sich schon, wie irreal und ohne Bezug zur Wirklichkeit solche Ängste üblicherweise sind, denn wir haben so ziemlich die niedrigste Inflationsrate seit Menschengedenken und teilweise in einigen Bereichen sogar Deflation, also sinkende Preise. Noch besser lässt sich dies natürlich anhand von rein hypothetischen Ängsten, wie der Angst vor Vogelgrippe, EPHC-Erreger oder anderen durch die Medien erzeugten Ängste, aufzeigen. Wenn es hier bspw. bundesweit 30 Tote gibt, so bricht eine regelrechte Panik aus, Pestängste werde an die Wand gemalt und gefühlt, Leute essen kein Gemüse mehr, oder man vernichtet umfangreiche Viehbestände. Dabei sterben im Vergleich dazu still und leise ohne medienwirksame Vermarktung bundesweit über 30.000 Menschen jährlich in Krankenhäusern durch Ärztefehler, falsche Medikamente, vor allem aber durch Ansteckungen, mangelnde Hygiene oder sonstige Fehlbehandlung, was aber kaum jemanden zu interessieren scheint. Rein logisch gesehen müsste die Angst vor Krankenhäusern also tausendmal höher sein als vor den oben genannten Gefahren. Menschen könnten nur noch mit Gewalt dorthin gebracht werden. Doch dies wird die entsprechende Industrie kaum wollen, also wird dies so gut wie möglich totgeschwiegen, aber es gibt ja genug andere Ängste, die die Auflage hochtreiben. Und wegen der Verkehrstoten müssten wir beim Autofahren viel mehr Angst haben zu sterben als an der Vogel- oder Schweinegrippe. Aber ist dies so? NEIN.

Hier können wir klar erkennen, dass Ängste überhaupt nicht faktisch oder logisch begründet sind oder auch nur sein müssen, sondern man kann vor allem und jedem Angst haben und auch jedem mit allem Angst machen, wenn wir nur entsprechende Überzeugungen glaubhaft machen können. Das ist alles. Die Epidemie oder die Massenvernichtungswaffen müssen nicht wirklich existieren, es reicht, es glaubhaft zu machen, um Angst zu erzeugen. Dies werden wir im Verlauf des Buchs ausführlicher erörtern.

Daher wundert es uns auch nicht mehr, dass auf Platz 2 der Rangfolge der Ängste der Deutschen die Naturkatastrophen (!!) auftauchen (weil wir ja so viele haben!!). Rund 60 Prozent der Bundesbürger fürchten sich davor, obwohl hierzulande kaum Naturkatastrophen vorkommen, und wenn, dann nicht mit hohen Todeszahlen. Auch die Angst vor Terrorismus liegt bei rund 50 Prozent, d.h., jeder zweite Deutsche hat Angst davor, obwohl konkrete Anschläge äußerst selten durchgeführt, und wenn, dann nur von ganz wenigen Deutschen wirklich erlebt werden. Rein statistisch ist die Wahrscheinlichkeit äußerst niedrig, dass man unter 80 Millionen Deutschen genau das Opfer eines Anschlags wird. Viel höher ist das Risiko auf den Straßen, also die Wahrscheinlichkeit, einem Verkehrsunfall zum Opfer zu fallen. Deshalb müssten wir statt vor Terror Angst vor unserem Straßenverkehr haben. Aber dem ist keineswegs so, kaum einer hat hier Angst. Wir sehen also deutlich, mit Logik und Statistik kommen wir hier nicht weiter, sehr wohl aber mit Menschenkenntnis und moderner Bewusstseinsforschung.

Wem diese Beispiele zu weit weg oder zu abstrakt waren: Das Gleiche zeigt sich auch im persönlichen Bereich. Hier gilt die größte Angst der Deutschen der eigenen Gesundheit. Dabei ist keinesfalls etwas dagegen zu sagen, die Aufmerksamkeit auch auf den eigenen Körper, auf seine Bedürfnisse und seinen Zustand zu richten, dabei alle Maßnahmen zu treffen, ihn gut zu versorgen und zu pflegen. Doch statt dies fürsorglich zu tun, vor allem mit gesunder Nahrung usw., sorgt man sich oder steigert sich meist über Angelesenes oder durch die Medien vermitteltes Halbwissen in Ängste hinein. Im Unterschied zu der sicher nützlichen Fürsorge ist hier die Aufmerksamkeit nicht auf Gesundheit und Gesunderhaltung gerichtet, sondern kreist um alle möglichen Krankheitssymptome, die man haben oder entwickeln könnte, obwohl man sie noch gar nicht hat. Das beste Beispiel ist die zugleich größte Angst der Deutschen vor Krebs. 73 Prozent der Befragten, also 3 von 4, geben an, Angst vor Krebs zu haben, und dies nicht etwa kurzzeitig – etwa nach einem Symptom –, sondern ständig und dauerhaft! Entsprechend gestaltet sich die Wirklichkeit, denn auch hier gilt: Dir geschieht nach deinem Glauben. Dies ist keine bloße Hypothese. Dass die Erwartung eines Menschen, seine Gedanken und Gefühle direkt auf den Körper wirken, das hat die Medizin in zahlreichen Experimenten längst valide nachgewiesen.

Weitere 57 Prozent, also mehr als die Hälfte aller Bundesbürger, haben zudem Angst vor Unfällen, 54 Prozent haben Angst vor Alzheimer (also vor Krankheiten weit in der Zukunft), ebenso 54 Prozent haben Angst vor Schlaganfall, 45 Prozent vor Herzinfarkt, und rund 1/3 hat Angst vor psychischen Erkrankungen. Auch sind das längst nicht alle Ängste, nur die Highlights. Demnach, das muss man sich einmal klarmachen, werden diese Ängste kumuliert, und so hat fast jeder zahlreiche Ängste vor zahlreichen Krankheiten, wie bei Angst vor Demenz oft weit auf die Zukunft bezogen, keinesfalls aber auf konkrete Situationen im Hier und Jetzt gerichtet. Solange man durch solche Ängste nicht auffällig wird, gilt man dennoch als völlig normal. Ständig Ängste zu haben und sie zu kultivieren, ist im intellektuellen Bewusstsein also völlig in Ordnung und sogar gesellschaftlich anerkannt. Versicherungen aller Art leben davon. Die Frage ist nur: Wenn es jetzt auch im persönlichen Bereich wahr wäre, dass Gedanken und damit auch die Ängste wirklichkeitsbestimmende Kräfte sind, was bewirken all diese Ängste für unseren Körper und das persönliche Wohlbefinden? „Results have it" – sagen die Amerikaner – die Resultate zeigen es, und man muss sich nur unser Gesundheits- oder besser Krankheitsverwaltungssystem anschauen, um die Antwort direkt empirisch beantworten zu können. Es gibt auch in meinem Bekanntenkreis kaum noch jemand, der nicht in irgendeiner Form krank wäre oder körperlich leidet. Schon erstaunlich, wie die Realität der kollektiven Erfahrung die innere Einstellung oder Gedankenwelt der Menschen widerspiegelt.

Ängste ziehen weitere Ängste an – ein Teufelskreis

„Böses *muss* stets Böses gebären", sagt Goethe trefflich im „Faust", und so ist es auch mit den Ängsten, die sich daher ständig vermehren, bis wir entweder darunter kollabieren oder lernen, ihrer Herr zu werden. Zusammenfassend können wir sagen, dass es in unserer derzeit verrückten Welt und Gesellschaftsordnung *inzwischen völlig normal ist, ständig und dauerhaft Angst zu haben*, und auch nicht bloß eine, sondern viele Ängste zugleich, sowohl im wirtschaftlichen, politischen, sozialen wie auch persönlichen Bereich. Die meisten dieser Ängste beziehen sich nicht einmal mehr auf die Gegenwart, sondern sind fiktiv auf eine konstruierte Zukunft gerichtet, deren Eintreffen noch völlig ungewiss ist. Wir können noch nicht einmal das Wetter der nächsten Woche genau vorhersagen, wie dann diese auf Jahre hinaus erwarteten Angstprognosen? Getriggert durch immer mehr innere und äußere Reize, auch Filme und Videospiele, also zusätzliche fiktive angstauslösende Elemente, gleitet der Mensch jetzt sogar in allgemeine und dauerhafte Angstzustände, ohne dafür noch einen besonderen

Auslöser zu brauchen. Dies lässt deutlich erkennen, dass Ängste weniger mit etwas Realem oder Äußerem zu tun haben, sondern mit Vorstellungen unseres Verstandes.

Alle diese Ängste sind somit nicht nur unnötig, sondern extrem kontraproduktiv und schädigen das eigene System sowohl auf körperlicher, emotionaler und mentaler Ebene wie kollektiv die ganze Gesellschaft. Und dies jeden Tag mehr, denn Nachrichten und Medien schüren diese in immer größerem Ausmaß, indem sie Unfälle oder Katastrophen oder negative Ereignisse aus den fernsten Ländern in unser Zuhause bringen, von denen wir früher einfach nichts wussten, und daher konnten wir auch keine entsprechenden Ängste aufbauen. Die Medienmacher folgen dabei einfach dem Mechanismus, dass angsterregende Bilder und Informationen Zuschauer anziehen und an sich binden. Dies funktioniert ganz automatisch und zumindest so lange, wie die Zuschauer selbst noch diese Ängste in sich tragen. Mehr Zuschauer und Zuhörer bedeuten wiederum mehr finanziellen Gewinn.

Doch die Folgen für den Menschen, die sich unbewusst in diesen Teufelskreis ziehen oder verführen lassen, sind immens, wie wir im nächsten Abschnitt zeigen wollen. Immer mehr Menschen geraten durch diese Ängste in Depressionen, Erschöpfungszustände, schließlich in körperlichen und seelischen Burn-Out, ohne wirklich zu wissen, warum. Der Körper kann das ständige Alarmsignal und den ständigen Stress nicht mehr durchhalten. Denn der Körper und sein ganzes Nervensystem kann nicht zwischen innerlichen und ausgedachten Ängsten und äußerlichen Bedrohungen unterscheiden, sondern reagiert jedes Mal mit Stress auf diese vermeintlichen Gefahrensituationen, und da sie nicht abnehmen, mit Dauerstress. Wer sich unvoreingenommen in unserer Gesellschaft umschaut, vor allem in den Großstädten, wird zahlreiche Beispiele für diese ständige Zunahme der Ängste in allen Bereichen finden. Parallel dazu nimmt der Gebrauch von Alkohol, Drogen und vor allem Medikamenten zu, die diese von uns erzeugten Ängste wieder unterdrücken sollen oder dabei helfen sollen, sie zu ertragen. Aber auch das Flüchten in harte Arbeit, Extremsport oder andere Ablenkungen ist eine Flucht vor diesen

Angstzuständen, die langsam chronisch werden. Das Ausmaß der Mittel, die gegen jene Ängste eingesetzt werden, ist gigantisch. Millionen greifen vor allem zu Alkohol oder pharmazeutischen Mitteln, angefangen von Schlafmitteln bis hin zu Antidepressiva. Wenn wir also nur noch unter solch großem Drogenkonsum die Ängste in Schach halten können, dann sind wir wirklich krank oder vielmehr, was viele heutige Meister wie der gute Eckhart Tolle auch sagen, eigentlich wahnsinnig.

Der not-wendige Wandel

Ist uns dies erst einmal bewusst geworden, werden wir die Ängste nicht nur wegen unseres persönlichen Wohlergehens **auflösen** wollen, sondern wir werden sie zum Wohle unserer ganzen Welt und als die Wurzel zahlreichen Übels auflösen wollen. Dazu dient dieses Buch, und es zeigt eine praktische und sichere Methode, es auch konkret umzusetzen, ohne dazu viel studieren oder darüber wissen zu müssen. Doch *zuerst müssen wir dies wirklich wollen*. Wenn wir also den derzeit sehr angstvollen Zustand der Welt ändern wollen, so müssen wir *bei der Angst in uns ansetzen* und sie transformieren und endgültig beenden, nicht nur beseitigen oder unterdrücken. Denn solange die Menschen noch Angst haben, werden sie Feinde haben, Kriege führen und die Erde verwüsten. Sobald die Menschen aber keine Angst mehr haben, können sie alles vorher Abgelehnte wieder annehmen, wieder natürliches Vertrauen entwickeln, können auf andere Menschen – auch Feinde – zugehen, Frieden schließen und langfristig in Frieden leben. So gesehen ist das nicht nur eine persönliche, sondern auch eine kollektive Aufgabe für jeden Einzelnen, erst sich und dann auch alle anderen zu befreien von diesem „schlechten Ratgeber" Angst, der diesen Planeten und seine Bewohner schon so lange in seinem eisernen Griff gefangen hält. Das neue jetzt kommende Zeitalter, das ich in meinen anderen Büchern das BEWUSSTSEINSZEITALTER genannt habe, das von anderen Autoren wie Dr. Stelzl auch als „das goldene Zeitalter" bezeichnet wird, wird frei sein von Angst und deren Folgen, und nur so kann es sich entfalten.

Wie wirken sich Ängste aus?

Sowohl konkrete als auch chronische Ängste *wirken direkt und unmittelbar auf den Körper ein*, was inzwischen gut erforscht ist. Sie wirken aber auch auf die Seele, also die Gemütslage, die Stimmung, die Persönlichkeit und auf den Geist des Menschen, der nun anfängt, bestimmte Dinge zu meiden, Vorsorge zu treffen, sich Gedanken zu machen und sich abzusichern, sogenannte „Feinde" oder „Situationen" zu meiden oder zu bekämpfen u.v.m. „Angst fressen Seele auf" könnte man nach einem bekannten Film sagen, und dies ist noch viel problematischer als die dargelegten körperlichen Folgen, es kann bis zur völligen Depression und Todessehnsucht führen. Betrachten wir aber zunächst, was im Körper eines Ängstlichen passiert:

Wirkungsmechanismus im und auf den Körper

Zunächst ist wirklich wichtig zu erkennen, dass der Körper nicht unterscheidet zwischen positivem oder negativem Stress, auch nicht zwischen vorgestellten und tatsächlich wahrgenommenen Situationen, was wirklich erstaunlich ist. Vor allem in Hypnose kann man zeigen, dass der Körper beim Berühren durch einen bloßen Bleistift eine reale Brandblase bildet, falls dem Menschen vorher suggeriert wurde, dass dies eine brennende Zigarette sei. Der Klient glaubt also nicht nur an die Zigarette und handelt entsprechend, genau wie wir unter der Vorstellung der Angst, hier wäre ein Feind oder ein Angriff, feindlich handeln, sondern sein Körper selbst reagiert unmittelbar darauf, obwohl überhaupt keine Hitze da ist. Dies bedeutet aber in unserem Zusammenhang, dass wir gar keine bewusste Kontrolle darüber haben und etwa die Reaktion des Körpers abstellen könnten bei Angstzuständen. Sie kommen sofort und automatisch und laufen über zwei Reaktionsketten.

In der ersten Kette reagiert der Hypothalamus auf angstauslösende Situationen (eben auch die eingebildeten) mit der Ausschüttung von CRH-Hormon, welches wiederum die Hypophyse zur Ausschüttung von ACTH stimuliert. Dieses wiederum regt die Nebennierenrinde an zur Ausschüttung von Kortisol und Kortison und ähnlichen „Glukokortikoiden". Dies beeinflusst direkt unseren Stoffwechsel.

In der zweiten Kette wird über das Nervensystem des Sympathikus das Nebennierenmark aktiviert, welches dann innerhalb von Sekunden eine Mischung von Adrenalin und Noradrenalin in die Blutbahn pumpt. Dies geschieht wie eine Alarmreaktion, um den Körper zu Angriff oder Flucht bereit zu machen. Doch der ständige Alarm geht ins Leere, außer in den wenigen Fällen, da die Angst tatsächlich aktuell und berechtigt ist. In jedem Fall erhöht sich der Blutdruck, das Herz wird beschleunigt, Energiereserven werden mobilisiert, Denkvorgänge werden unterdrückt (Angst lähmt das klare Denken – stattdessen Rückgriff auf alte Muster). Sinkt der Erregungspegel aufgrund ständiger Reize nicht mehr ab, so können schon kleinere Impulse eine überzogene Angstreaktion auslösen.

Langfristig zerstören solche chronischen Ängste oder die allgemeine Angst, wie sie heute üblich ist, das Gleichgewicht des Körpers, und folgende Symptome zeigen sich vor allem bei dauerhafter Angst:

- Ständige Unruhe, mentaler und emotionaler Alarmzustand.
- Der Blutdruck ist zu hoch, der Puls zu schnell.
- Die Muskeln sind verkrampft oder verspannt.
- Die Magensäurebildung ist zu hoch (Sodbrennen).
- Die Fortpflanzungsorgane arbeiten vermindert.
- Die Verdauungsorgane sind schlecht durchblutet (Blut wird für Energie gebraucht).

Wirkungen auf das seelische Empfinden, das Gemüt

Die Ängste führen seelisch zu einer ständig angespannten Gemütslage, da wir ja unbewusst versuchen, der Bedrohung irgendwie Herr zu werden, oder, wie in der Angst vor Krebs, ständig nach Anzeichen Ausschau halten, Symptome bemerken oder bewerten, deshalb ein wesentlicher Teil unserer freien Aufmerksamkeit ständig davon „gefesselt" ist. Selbst wenn man dies bewusst erkennt und versucht, dem auszuweichen, so ist dies kaum möglich, denn fast alle diese Prozesse laufen, wie im Beispiel mit dem Bleistift, unbewusst ab, und wir können unter dem Einfluss von Angst auch gar nicht wirklich entspannen oder uns fallen lassen. Weitere Symptome sind:

- Denk- und Konzentrationsstörungen, ein Gefühl der Benommenheit,
- Nervosität und Sorgenbereitschaft,
- Unfähigkeit, sich zu entspannen oder tief zu erholen, selbst wenn man will,
- Unfähigkeit, zu meditieren oder nach innen zu gehen (außen lauert Gefahr…).
- Daher ist man ständig auf dem Sprung, reizbar, sprunghaft, schnell aufgeregt und ablenkbar.
- Man ist angespannt, manchmal sogar zitternd, schreckhaft.
- Schlaflosigkeit und zugleich Übermüdung (durch dauernde Alarmbereitschaft)

Wirkungen auf den Geist, das Bewusstsein

Angst wirkt verengend, wie schon der Name sagt, und wie wir noch genauer darlegen werden. Man vergleiche das freie und offene Bewusstsein, die Augen eines neugeborenen Babys, mit dem Bewusstsein und den Augen eines von Angst erfüllten Menschen. Auch wir selbst gingen doch als Kinder furchtlos auf andere zu und waren offen für fast alles. Doch **Angst fixiert Bewusstsein**, lässt es erstarren, und je mehr, desto verengter wird es bis hin zu fixen Ideen oder zur Panik, wenn sonst nichts anderes mehr gesehen wird. **Angstauflösung hingegen befreit Bewusstsein**, und jeder kann dies im folgenden Praxisteil des Buches selbst ausprobieren. Daher führen Ängste oder Angstzustände im Geist zu:

- Handlungsblockaden und Lähmung von Aktivitäten
- selektiver und immer mehr verzerrter Wahrnehmung bis hin zu Wahnvorstellungen
- zu negativer Weltsicht, immer mehr Beurteilung und Verurteilung
- zunehmendem Rückzug aus der Welt oder aus bestimmten Bereichen
- Vermeidungsverhalten (z.B. alles vermeiden, was Krebs auslösen könnte…)
- mangelndem Genießenkönnen, sich nichts gönnen
- Einengung oder Eingrenzung des Freundeskreises (nicht mit bestimmten Ausländern…)

Ängste beschränken Entfaltung, Schönes und Lebensfreude

Doch neben diesen direkten negativen Auswirkungen bewirken solche Ängste und vor allem chronische Angstzustände auch indirekt viele ungünstige Folgen, da sie zugleich vieles Positive und Schöne vom Menschen abhalten. Wenn Krieg herrscht, ist für Muße und Wellness keine Zeit und kein Raum. Da Ängste von Natur aus eine hohe Alarmwirkung haben – so sind sie ja von der Natur konzipiert –, lenken sie die Aufmerksamkeit ständig auf sich, (man muss vorrangig und zwanghaft daran denken, es lässt einem keine Ruhe), sie nehmen damit den Platz weg für viele andere Gedanken, bspw. an Freundschaft, Kreativität, Lebensaufgabe, Erfüllung, wahre Sexualität, Kommunikation, musische und künstlerische Tätigkeit. Ganz analog zu jemandem, der im Krieg ständig von Bombenalarm, Luftangriffen, von Bombenhagel und Artilleriebeschuss bedroht ist und pausenlos in Gefahr schwebt, ist einfach keine Zeit für andere Themen, und wenn, dann immer angespannt und ohne wirkliches Genießen. Auch wird ein solcher Mensch schon von vornherein wenig Zeit haben oder sich wenig Zeit nehmen für die oben genannten schönen Tätigkeiten, die das wirkliche Menschsein ausmachen. Denn er wird sie als nicht besonders wichtig einstufen im Gegensatz zu den Themen der Angst, mit der er sich gerade beschäftigt. Denn Angst suggeriert immer, dass es ums Überleben oder zumindest etwas sehr Wichtiges geht, und dagegen erscheint vieles andere als belanglos.

Auch die Offenheit dem Leben gegenüber wird allgemein beeinträchtigt, denn als Ängstlicher sucht man immer Sicherheit, das Bewährte, keinesfalls das Innovative und Riskante. Dadurch wird natürlich die eigene geistige wie seelische Evolution und Weiterentwicklung eines Menschen behindert wie auch die seines Umfeldes, seiner Familie oder Firma. Dadurch sinkt im Allgemeinen auch die Effizienz und Wertigkeit seiner Arbeitsleistung. Die grundsätzliche Lebenseinstellung wird abweisend, kritisch, starr, dann oft auch pessimistisch bei länger anhaltender Angst bis hin zur Lebensverneinung oder -verachtung.

Ängste führen zu Lebenskampf

Vom geistigen Standpunkt gesehen führen die Ängste oder die sich allmählich einstellende ständige Grundangst (sogenannte allgemeine Angst) also zu einer Art von Kriegszustand mit dem Leben und zu einem Überlebenskampf in einer ständig feindlichen und bedrohlichen Welt, in der man sich gegen Schweinegrippe, Umweltkatastrophen, Verkehrsunfällen, Krebs und vieles andere, meist sogar auch vor dem Partner, der einen ja nur ausnützen will, schützen muss. Kein schönes Leben, keine Entspannung oder gar Spielen, wenig echtes Genießen. Dies verschlimmert sich ständig, indem wir täglich über zahlreiche Kanäle von Fernsehen, Presse bis hin zu Internet von neuen schlimmen Nachrichten bombardiert werden, wodurch sich die Ängste ständig noch vermehren, aber nur selten aufgelöst werden können. Diese direkten Folgen für den Einzelnen sind an und für sich schon schlimm genug, schlimmer aber ist die heute nur wenigen Menschen einsichtige Tatsache, dass diese Ängste nicht nur innere und äußere Reaktionen der Menschen bewirken, wie wir sie hier kurz skizziert haben, sondern dass sie zugleich geistige Energien und Kräfte sind, die wiederum Wirkungen erzeugen. Nach dem Gesetz der Resonanz ziehen sie weitere Ängste an und bewirken neue Reaktionsketten. Wenn Ängste Gedanken sind und demnach geistige Kräfte, so *müssen* sie wiederum entsprechende Situationen im Außen anziehen oder miterschaffen, *müssen* zwangsweise wiederum entsprechende Realität hervorbringen.

Fazit: Ein von Angst besetzter Mensch erschafft sich unbewusst eine ernste, angsterfüllte Welt und kann gar nicht anders, als diese zu erschaffen. Darauf reagiert er und wird immer eingeschränkter. Darüber hinaus bestätigt diese Welt (seiner selektiven Wahrnehmung) wiederum seine Angst als Erfahrung und verstärkt sie dadurch, was wiederum zu noch mehr Angst führt. Ein ständiger Teufelskreis, in dem die meisten Menschen derzeit mehr denn je gefangen sind, der jedoch inzwischen ein Niveau erreicht hat, dass die Menschen es hoffentlich nicht mehr hinnehmen, sondern endgültig die Nase davon voll haben und sich dauerhaft davon befreien wollen. Wer die Folgen der Ängste wirklich erkennt, wird dazu hochmotiviert sein.

Was sind Ängste und wie erscheinen sie?

Wir haben nun gesehen, wie verheerend Ängste und, wenn sie chronisch werden, auch der allgemeine Angstzustand sich auf die Menschen auswirkt, sowohl auf körperlicher als auch auf seelischer und geistiger Ebene. Sie führen dazu, dass Menschen ihre Gesundheit extrem beeinträchtigen, ihr Wohlbefinden nachhaltig gestört wird, sich ihr Bewusstsein verengt und auf das oder die Objekte der Angst fixiert, so dass sie letztlich ihr Leben nicht mehr frei leben können. Es kann sie somit von ihrer Lebensaufgabe abhalten, auch von bestimmten Menschen oder Menschengruppen. Sie werden von der Angst zu Feinden oder Gegnern gemacht. Angst entfremdet die Menschen voneinander, führt sie zum Angriff oder auch zum Rückzug. Sie lässt sie in Sicherheitsdenken verfallen, unbeweglich werden, erstarren, lähmt Initiative und Innovation. Dies führt zu einer immer größeren Reduzierung von Lebensfreude, stattdessen einer Vermehrung von Streit und Krieg, im Alltag zu immer mehr Lebenskampf. Eigentlich könnte man sagen, *jeder* Kampf ist aus Angst motiviert, denn wenn ich keine Angst hätte, etwas zu verlieren, oder Angst, dass mir etwas mangeln oder fehlen könnte, so bräuchte ich nicht zu kämpfen.

Schlimmer noch, jede Angst macht uns manipulierbar und leicht beherrschbar. Wenn man Menschen überzeugen kann, dass eine Gefahr droht, indem man sie glauben lässt, dass bspw. ein anderes Land Massenvernichtungswaffen besitze, die auf sie gerichtet seien, dann kann man sie leicht dazu verleiten, jenes Land zu bekämpfen, sogar in den Krieg zu ziehen oder einfach den Angsterzeugern und ihren Ideen zu folgen. Hierfür gibt es zahlreiche Beispiele in der Menschheitsgeschichte, indem man erst Ängste schürt, sogar Angst vor Gott, um die verängstigten Menschen dann dazu zu bringen, Dinge zu tun, die sie im angstfreien Zustand niemals getan hätten. Angst ist also nicht nur ein mächtiges Instrument in den Händen derer, die herrschen oder beherrschen wollen, sondern es ist *das Herrschaftsinstrument über Menschen* schlechthin. Wer also Angst hat, ist damit *immer manipulierbar und beherrschbar*, und erst sobald man keine Angst mehr hat, ist man wirklich frei. Freiheit ist ein anderes Wort dafür, nichts mehr zu verlieren zu haben, behauptet ein berühmter Song. Genau so ist es. Dies bedeutet nicht materielle Armut, man kann äußerlich alles besitzen, aber man hat keine innere Angst mehr darum, es zu verlieren. Das ist wahre Ge-lassen-heit, alles gelassen zu haben, und darin liegt wahre Freiheit.

Frei sein ohne Angst – ein Gedankenexperiment

Wenn wir uns nun nochmal alle diese Wirkungen auf allen Ebenen anschauen, und viele weitere haben wir hier noch gar nicht aufgezählt, so muss man zugeben, dass die Angst ein mächtiger Gegner ist. Zumindest scheint es nach bisheriger Erfahrung so zu sein. Wie umfassend sie uns schädigt und uns in den Überlebenskampf treibt, können Sie einmal an folgendem Gedankenexperiment ausmachen: Bitte stellen Sie sich wirklich einmal konkret vor und fühlen Sie, es gäbe keine Angst mehr, weder bei Ihnen noch bei anderen Menschen. *Malen Sie sich mit Hilfe Ihrer Fantasie eine angstfreie Welt aus.* Nun, was wäre dann? Wie würden Sie Ihr Leben gestalten ohne jede Existenzangst, ohne Angst vor anderen Leuten, vor der Zukunft, ohne Angst vor dem Leben? Keine Angst ums finanzielle Überleben, keine vor Verlust des Partners, keine Angst um Gesundheit? Wie würden die Menschen miteinander umgehen? Wie die Staaten, wie die Rassen und Völker? Vermutlich wieder wie die Kinder, und darum ist ihnen ja bekanntlich das Himmelreich. Wir werden in diesem Gedankenspiel vermutlich zu diesem Ergebnis kommen, dass *ohne Angst die Erde ein Paradies* sein müsste, selbst wenn die anderen Faktoren nicht verändert würden. Denn ohne Angst, zu kurz zu kommen, oder vor Mangel könnten wir alles teilen und gemeinsam die sicher noch vorhandenen Probleme optimal angehen.

Angst ist der große Gegenpol der Liebe

Die Angst ist also unser größter persönlicher Gegner im Leben, der uns das Leben wirklich schwer macht, und nicht etwa irgendwelche Menschen, vor denen wir Angst haben. Sie ist zugleich der Albtraum der ganzen Menschheit. Auch philosophisch betrachtet ist Angst der große Gegenspieler der Liebe. Das tiefsinnige Buch „Ein Kurs in Wundern" erklärt uns ausführlich, dass es eigentlich bei jeder Entscheidung immer *nur zwei Wahlmöglichkeiten* für den Menschen gibt, jenseits aller sonstigen Inhalte. Wir wählen alle unsere Handlungen *entweder aus Angst oder aus Liebe*, und es gibt nichts dazwischen. Dies bedeutet, alle unsere Worte, Taten und Handlungen sind entweder von Angst oder von Liebe inspiriert und motiviert, und dementsprechend zeigen sich jeweils die Folgen der Entscheidung sowohl für uns als auch für andere. Die Folgen müssen wir aufgrund der Schicksalsgesetze früher oder später immer tragen. Wähle ich aus Angst den Angriff oder die Abgrenzung, so habe ich deren Konsequenzen zu tragen, wähle ich Liebe, Integration und Freundschaft, so bekomme ich jene Folgen in meinem Leben zu spüren, ganz nach dem Spruch: Was du säest, wirst du ernten.

Und doch wählen die meisten ständig aufgrund von Angst und Furcht. Dies ist nur so zu erklären, dass sie es noch unbewusst tun, einfach den äußeren Reizen oder anderen Menschen folgend, oder sie bereits im Griff der Angst sind und nicht dagegen ankommen. Denn eigentlich sollte man denken, dass jeder halbwegs vernünftige Mensch schon aus Eigeninteresse heraus, aus dem Wunsch, ein Leben in Liebe, Wohlstand und Gesundheit, ein Leben des Miteinanders statt des Gegeneinanders zu führen, freudig die Liebe wählt, da dies doch das ist, was alle Menschen im Grunde und in ihrem Herzen wollen. Fragte man Menschen jeglicher Kultur, Rasse, Herkunft oder sozialer Stellung, ob sie lieber in Angst und Lebenskampf leben wollten oder lieber in Lebensfreude und in Liebe, so würden die meisten sicher und natürlich Letzteres befürworten.. Doch die Wirklichkeit sieht ganz anders aus. Wir sehen überall, dass die Menschen – sowohl persönlich als auch kollektiv – in Entscheidungssituationen fast immer aus Angst agieren, aus Angst vor Mangel (Existenzängste), Konkurrenz (Neid), Schuld (Rechthaben) und vieles mehr. Nur sehr selten sind unsere Handlungen bislang von Liebe motiviert. Prüfen Sie selbst Ihre eigenen der letzten Monate oder Wochen. Entsprechend sind die daraus entstandenen Konsequenzen. So leben wir in einer mehr denn je angstbesetzten und im Lebenskampf verstrickten Welt, die wir im Grunde gar nicht wollen. Man hat einmal ausgerechnet, dass, wenn allein jede Konkurrenz aufhörte und wir alle zusammenarbeiteten, jeder von uns zu unglaublichem Wohlstand käme. Auch die steigenden Burn-Out-Zahlen und die Zunahme der psychischen Erkrankungen sprechen hier eine deutliche Sprache, was wir wählen.

Seltsam, denn dabei wollen wir doch etwas ganz anderes, wie man leicht herausfindet, wenn man die Menschen nach ihren Herzenswünschen fragt. Auch beweist sich dies dadurch, dass unsere persönlichen oder gesellschaftlichen Vorbilder meist Männer und Frauen sind, die der Liebe gefolgt sind oder sie praktiziert haben – ob dies nun Albert Schweitzer, Mutter Teresa, Franz von Assisi, Gandhi, Jesus oder weitere spirituelle Meister sind – die meisten unserer Vorbilder leben genau dies: angstfrei wie Gandhi und voller Liebe wie Christus. Und doch folgen wir ihnen nicht. Gerne würde jeder so handeln, wenn er könnte, und so oder so ähnlich sein, und aus Liebe handeln. Aber wir tun es faktisch eben nicht, und die einzige Erklärung dafür ist: Wir handeln so, nicht weil wir es im Herzen wollten, sondern weil wir bereits von Angst besetzt sind, von ihr beherrscht werden und sie unsere Entscheidungen bestimmt. Dies ist uns normalerweise unbewusst, und oft realisieren wir leider nicht, woher so viel Unheil, Unglück und Kampf im Leben kommen, und klagen dann alle möglichen Leute, Umstände oder gleich das Leben als Ganzes an.

Daher ist Herstellung von Bewusstheit über unsere Worte und Taten und vor allem über die Motivation, aus der sie entstehen, so notwendig und ein guter Anfang. Dies geschieht in vielen Geistesschulen, besonders im Buddhismus, durch Achtsamkeit und wachsende Selbstbeobachtung, wodurch diese unbewussten Ängste langsam aus dem Verborgenen des Unterbewusstseins ins Wachbewusstsein kommen. Ich schaue einfach, was ich im Moment denke und fühle, vor allem bei Entscheidungen. Ich schaue mir zu und bin stets bewusst, was ich tue und warum ich es tue. Dadurch sind die Ängste natürlich noch längst nicht besiegt. Erst, wenn man sich ihrer bewusst ist und sie bewusstmacht, kann man darangehen, sie gezielt aufzulösen. Einsicht ist der erste Schritt zur Besserung. Zur Auflösung ist dann aber ein weiterer Schritt oder eine Methode notwendig.

Nachdem wir die Stärke und Macht der Ängste oder des Angstbewusstseins gesehen haben, sind wir mehr denn je an der Frage interessiert, was Ängste eigentlich sind und aus was sie bestehen. Richten wir zunächst den Scheinwerfer unseres Bewusstseins darauf, woher das Wort „Angst" kommt und was es aussagt.

Die Herkunft des Begriffes „Angst"

Unser deutsches Wort „Angst" hat sich aus dem indogermanischen „ang-hu" und dem althochdeutschen „ angust" (mittelhochdeutsch: angest, neuhochdeutsch: angst) entwickelt und bedeutet stets „beengt, beengend". Genau diese Bedeutung liegt auch im verwandten lateinischen Wort „angustus/angustia" und bedeutet dort auch „Enge, Beengung" (vgl.angina pectoris = Enge des Herzens), sowie „angor" das „Würgen, Erwürgen". Angst ist also schon ein sehr altes Wort und weist in seiner Bedeutung auf das Wesen und die Wirkung von Angst. *Sie verengt demnach unser Bewusstsein,* ist damit auch der Gegenspieler jeder Bewusstseinserweiterung, aber sie *verengt und lähmt uns auch auf allen anderen Ebenen* bis hin zur körperlichen. Am Körper, der sozusagen der Bildschirm unseres Computers oder Geistes ist, sehen wir eben diese Wirkung bei Angsteinfluss. Er oder Teile davon verkrampfen sich, verengen sich, der Blutdruck erhöht sich, wie wir schon im Einzelnen dargelegt haben. Angst verengt uns also auf vielen Ebenen und, in Anspielung auf die oben genannte Nebenbedeutung von angor = Würgen, erwürgt sie uns regelrecht über die Zeit hinweg. Ein Filmemacher (Rainer Faßbinder) hat daher einmal zu Recht gesagt:„Angst fressen Seele auf". Er hatte wohl recht, aber eben nicht nur die Seele.

Die Vielzahl der Ängste und ihre Einteilung

Wir haben bislang generell von der Angst oder von den Ängsten gesprochen, ohne sie weiter zu spezifizieren. Nun weiß jeder, dass sie in sehr vielfältiger Form erscheinen, es eine Vielzahl von verschiedenen Ängsten gibt, wie bspw. Prüfungsangst, Flugangst, Platzangst, Angst vor Spinnen, Angst vor Krebs, Angst vor Krieg, Angst vor Gott, natürlich auch Angst vor dem Partner und sogar Angst vor positiven Dingen wie die häufige Angst vor der eigenen Größe. Von dieser Vielfalt ihrer Erscheinungsform her betrachtet scheint es also, dass es prinzipiell ganz viele verschiedene

Arten von Angst gibt, die untereinander sehr unterschiedlich scheinen. Doch bei genauer Betrachtung zeigt sich schnell, dass sich die unterschiedlichen Ängste nicht wirklich voneinander unterscheiden, sondern *der Unterschied lediglich darin besteht, dass sie verschiedene Objekte haben, auf die sie sich beziehen*. Wir klassifizieren unsere Ängste also danach, *wovor* wir Angst haben, aber nicht die Angst selbst. Sie kann so auch nicht voneinander unterschieden werden, denn sie findet immer in uns, in unserem Bewusstsein statt und ist *somit immer eine Gedankenform*. Auch die Wirkung auf Geist, Seele und Körper ist immer ähnlich. Wo eine gleiche oder ähnliche Wirkung erkennbar ist, da kann man auch eine gleiche oder ähnliche Ursache oder ein gleiches Wesen vermuten. Daher gibt es, wenn wir es genau untersuchen, nicht wirklich viele verschiedene Ängste. Das ist noch das objektbezogene Denken „das macht mir Angst…du machst mir Angst", sondern der Angstmechanismus in uns, diese Verengung oder Lähmung, kann durch viele verschiedene Faktoren *ausgelöst* werden. *Der Auslöser aber ist niemals die wahre Ursache*, sondern nur die Ursache ihrer zeitlichen Erscheinung.

Populär gesagt, es ist immer derselbe Angstmechanismus in uns, *nur in verschiedener Verkleidung*. Dies ist eine wichtige Entdeckung, denn sonst bräuchte man zur Handhabung jeder Art von Angst eine je eigene Methode, Dem ist aber nicht so, wie wir auch in über 7 Jahren praktischer Anwendung erprobt haben. Vielmehr gilt:

Weil eben der Angstmechanismus immer gleich und die Ängste in uns alle dieselbe Wurzel und dasselbe Wesen haben, können wir sie alle mit derselben Methode auflösen.

Zusammenfassend können wir festhalten, dass es zunächst so aussieht, als kämen die Ängste von draußen. Dies kann aber nicht sein, da bei gleicher Situation die einen Angst haben (beispielsweise in Flugzeugen), die anderen nicht. Nun kann sogar jeder Mensch theoretisch vor allem und jedem Angst haben, und wir können beispielsweise in Hypnose einem Menschen per Suggestion vor jedem beliebigen Ding Angst machen. Auch die Erfahrung zeigt: Es gibt nichts, wovor nicht irgendjemand Angst haben könnte, und daher sind Ängste auch nicht rational (und daher auch rational nicht auflösbar!). Wichtiges Fazit: *Es sind also nicht die Objekte, die Angst machen.* Dann kann es nur noch das Subjekt sein, das sich Angst macht. **Die Angst in uns projiziert sich vielmehr auf die vielfältigen Objekte oder Menschen um uns, so wie ein Wütender überall Wut und wütende Menschen wahrnimmt und glaubt, dies sei im Außen.**

Dies ist aber eine gute Nachricht, denn wenn sie in uns ist und immer ähnlich strukturiert ist, dann können wir sie auch in uns bearbeiten und alle mit derselben Methode bearbeiten, und das werden wir auch tun und haben es schon jahrelang erfolgreich getan. *Es ist also für die Angstauflösung und Bearbeitung nicht weiter wichtig, woher die Angst kommt und auf welche Ebene sie gehört. Es funktioniert mit allen Ängsten*, so zumindest der Stand unserer Forschung und Erfahrung bislang, weil Angst, um es hier schon vorwegzunehmen, immer nur eine Gedankenkonstruktion unseres Bewusstseins ist und sonst nichts. Nur ein Gedanke!

Dies vorausgesetzt, ist es dennoch möglich und zur theoretischen Auseinandersetzung und Analyse auch sinnvoll, Ängste in bestimmte Kategorien einzuteilen, eben bezogen auf ihre Objekte, auf die sie projiziert werden, und der Ebene, auf der sie erscheinen und wirken. Ich teile sie daher ein in körperliche, seelische und geistige Ängste. Wir haben also prinzipiell Angst in den Kategorien:

- Körper
- Persönlichkeit
- Geist/ Ich

Wir teilen also die Ängste willkürlich ein nach der Ebene, in der sie auftauchen, entweder Angst um Körper und Materielles (physisch/körperlich), Angst um die Person (seelisch) und Angst vor geistigen oder abstrakten Dingen. Ängste können sich bei Letzteren auch auf geistige Konstrukte beziehen, beispielsweise auf etwas Konstruiertes wie „das Nichts" oder „ewige Verdammnis", was zunächst wohl jenseits unserer Erfahrung ist und daher eindeutig von Menschen gemachte geistige Produkte sind (Beweis: Tiere fürchten sich nicht vor solchen…). Die Einteilung ist von mir so gewählt, *weil in verschiedenen Bewusstseinsstufen der fühlenden Wesen sich solcherart unterschiedliche Ängste zeigen und auftreten*, in anderen aber nicht. Es zeigen sich also in bestimmten Abschnitten der Evolution ganz bestimmte Ängste. Im animalischen Bewusstsein eher physische, im intellektuellen Bewusstsein eher persönliche oder gruppenbezogene, im spirituellen Bewusstsein Angst vor rein geistigen Dingen oder Ideen. Aber, wie gesagt, diese Einteilung soll keineswegs suggerieren, dass körperliche Ängste prinzipiell anders seien als geistige. Diese Einteilung ist somit rein zweckdienlich und jeder kann die Vielzahl der Ängste auch anders einteilen.

Körperliche und materielle Ängste

Dies sind alle Ängste um Gesundheit, Gefahren für den Körper und die körperliche Unversehrtheit, um Essen, Trinken, Schlafen, Fortpflanzung (Sex, nicht Liebe), auch um Geld, aber nur, wenn dies als Mittel zum Zweck gesehen wird (als Selbstzweck wäre es seelische Angst), und natürlich um materiellen Besitz und um Land und Ressourcen.

Hierunter leidet meist der noch im animalischen oder sinnlichen Bewusstsein (nach Hegel, Ken Wilber) befindliche Mensch. Es sind auch die ersten Ängste, die wir als Kleinkind erfahren. Diese Ängste sind schon uralt und stammen meist aus früheren Evolutionsepochen, wo um diese Dinge gekämpft werden musste. Sie sind daher zumeist sehr fest im Bewusstsein verankert, esoterisch gesehen durch die Erfahrungen aus vielen früheren Leben stabil in uns verankert. Daher kommen wir auch rational so wenig gegen sie an. Leider lebt immer noch ein großer Anteil der Menschheit (und vor allem Politiker und die Mehrheit der Wirtschaft- und Finanzbranche, „sogenannte Finanzhaie, Heuschrecken usw.") in diesem Bewusstseinslevel. Kollektiv ist dies der Kampf um Öl und Ressourcen, obwohl rational der Kampf oft viel mehr Geld und Leben verschlingt, als er einbringt, und damit sinnlos ist. Früher an der Uni nannten wir Menschen mit diesen Ängsten und Handlungsweisen despektierlich „Reptilgehirne", doch müssen wir leider selbst erkennen, dass wir in bestimmten Bereichen

(Eifersucht, Neid, Besitzgier) noch diese Ängste haben. Dennoch kreisen die meisten unserer Ängste heute –zumindest in unserem Kulturkreis – bereits um intellektuelle Dinge, um Ideen wie „die rote Gefahr" (nein, die nicht mehr), Ideologien (Angst vor Andersgläubigen), Ängste um den Partner (ganz aktuell), Angst vor seelischer Verletzung oder Ächtung, um etwas zu sein (D sucht den Superstar, Supermama, Supersänger, Superschlauen….). Dies sind alles Dinge, die im animalischen Bewusstsein kaum eine Rolle spielen, wenn genug Essen, Kleidung usw. vorhanden ist. Dann ist uns das andere ziemlich egal, wie auch bei Tieren gut zu sehen ist.

Ein schönes Beispiel zur Erläuterung: Die europäischen Entdecker Afrikas (intellektuelles Bewusstsein) nahmen körperliches Leid, Schmerz und Strapazen auf sich, eben nicht, um es sich körperlich gut gehen zu lassen, sondern um eine Idee, Hypothese zu beweisen, um ungläubige Seelen zu bekehren, oder zum Ruhme für sich oder, um unsterblich in die Annalen einzugehen oder um für ihr Land oder als Wissenschaftler einen Fluss zu finden bzw. zu entdecken. Eingeborene sollen einmal gefragt haben, warum sie sich das antäten, ob sie denn keinen Fluss zuhause hätten…. (!!!) So der Unterschied dieser Bewusstseinssphären und daher auch der jeweiligen Ängste. Die einen haben Angst vor Mangel an Essen, die anderen viel mehr Angst, seelisch verletzt zu werden oder dem falschen Glauben anzugehören.

Seelische Ängste oder Angst um die eigene Person

Sie entstehen vor allem erst, wenn der Mensch Selbstbewusstsein entwickelt hat, also esoterisch gesprochen ein deutliches Ego-Bewusstsein, eine Persönlichkeit (von lat. Persona= Maske) entwickelt hat. Er hat nun eine genaue Vorstellung und recht umfassende Definition von sich, von seiner Herkunft, seinem Status, auch persönlichen Zielen und demzufolge Angst, etwas davon könnte verletzt oder beschädigt werden, hier vor allem sein Ansehen. Auch Ängste aus oder in der Partnerschaft gehören hier dazu, denn meist geht es um Machtkampf oder Rechthaben und nicht um den materiellen Partner oder Partnerbesitz wie im animalischen Bereich, der dort einfach austauschbar ist und durch jemand anderen ersetzt wird. Hierher gehört auch alle Angst vor Bestrafung (aber nicht vor Schmerzen wie im animalischen, sondern vor Machtverlust und Ansehensverlust), Angst vor sozialem Abstieg, Statusverlust oder sozialer Ächtung (vor dem Pranger), denn hierbei wird das Ego besonders verletzt, und besonders die Angst vor Einsamkeit (im Alter). Ferner natürlich auch Angst vor Misserfolg, vor Versagen, vor Unbeliebtheit, vor allen persönlichen Defiziten und Mängeln wie die Angst, nicht schön genug zu sein u.v.m. Auch Angst, Geld oder andere Statussymbole zu verlieren, also Verlustangst im Hinblick auf Status, Macht und Ansehen gehören hier dazu. Schließlich auch Angst, nicht Recht zu bekommen, worüber mehr gekämpft wird als sonst um materielle Dinge. Kurz gesagt: Es ist Angst vor allem, was die Persönlichkeit, wohlgemerkt nicht den Körper, verletzen, beschädigen oder erniedrigen könnte.

Hierunter leidet verstärkt der intellektuelle Mensch oder der inzwischen zu einer bestimmten Persönlichkeit gewordene Mensch. *Hierin dürften sich die meisten Menschen unseres Kulturkreises wiedererkennen.* Man schindet oder quält sogar den Körper, um beispielsweise akademische Würden zu erlangen oder in einem Rosenkrieg Rache zu nehmen am Ex-Partner,oder man erträgt körperliche Entbehrungen, um allen zu zeigen, was man doch wert ist. Oder man schindet sich um der Karriere willen (Angst vor sozialer Ächtung), opfert sich in Überstunden auf, um im Außen etwas darstellen zu können, Markenkleidung zu kaufen (dem Körper ist dies egal), oder Schulden abzuzahlen (Existenzangst). Oder man spritzt sich giftiges Botax, um besonders schön auszusehen, und vieles mehr, ohne auf den Körper zu achten. Es geht hier also immer viel mehr um das vermeintliche Wohl der Persönlichkeit als um das Wohlergehen des Körpers. *Das Ego ist der Gott dieses Bewusstseinslevels*, und der Philosoph Hegel nennt es auch zu Recht „das unglückliche Bewusstsein". Denn es ist ein Kampf, so wird es zumindest gefühlt, „jeder gegen jeden und Gott gegen alle". Daher treiben diese Art von Ängsten die Menschen in noch viel schlimmere Kriege und Auseinandersetzungen als jene um Ressourcen, wo man auch mal aufhören kann, wenn man nichts gewinnt, und wo das unterlegene Tier auch mal abzieht. Nein, hier wird gekämpft bis zum Letzten, da es um den richtigen Glauben, gegen die Ketzer, um die Revolution, um die eigene Bedeutung, also um das *eigene* Ich geht, das, was man glaubt selbst zu sein. Daher enden diese Konflikte meist erst mit dem Tod des Gegners oder völliger Zerstörung (bestes Beispiel der 30-jährige Krieg zwischen Katholiken und Protestanten, aber auch alle anderen Glaubenskriege, in denen es nicht vorrangig um Ressourcen, sondern um die richtigen Ideen ging).

Im persönlichen Bereich kämpft man hier beispielsweise um die Karriere, aus Angst, ohne diese nicht gut genug oder nicht anerkannt zu sein, oder nicht genug Geld zu verdienen, sonst unter der Brücke schlafen zu müssen und ausgestoßen zu sein, oder um irgendwelche Ideen und Ideologien unters Volk zu bringen, was man für die Wahrheit hält, und opfert dafür vieles, was der Körper oder das materielle Leben, die Familie, die Freunde zum Wohlergehen gebraucht hätten. Politiker sind derzeit ein schönes Beispiel dafür. Viele meiner Seminarteilnehmer, die etwas heilen wollen, leiden ihrer Angabe nach, wie wohl die meisten geistig entwickelten Menschen in unserem Kulturkreis, fast immer unter diesen seelischen Ängsten. Sie leiden meist nicht wegen materieller Probleme, sondern weil sie befürchten, etwas nicht zu erreichen oder nicht zu bekommen, was sie sich ausgedacht haben oder durch Indoktrination glauben sein zu müssen. Darüber kann ein sinnlicher Mensch nur den Kopf schütteln und sagt sich vielleicht: „Diese Probleme möchte ich mal haben…. Ich habe Angst, bald kein Trinkwasser oder Essen mehr zu haben, oder vor Krieg und Verfolgung, um meine Kinder."

Erfahrungsgemäß verblassen die materiellen Ängste, die Angst vor körperlicher und materieller Beeinträchtigung schnell gegen die seelischen Ängste, sobald diese aufkommen, ähnlich wie die Angst um genügend Essen und Trinken oder Auto und Haus schnell unbedeutend wird, wenn jemand extremen Liebeskummer hat. Diese Angst um Partnerverlust oder Eifersucht überschattet dann ganz die körperlichen Ängste, und – das möge jeder für sich nachprüfen – sie schmerzen üblicherweise weitaus mehr als jene. Warum eigentlich? Meine Vermutung ist: Bei den ersteren geht es mehr ums Haben im Äußeren, selbst wenn es den eigenen Körper betrifft, also Angst vor *äußeren* Verlusten. Hier aber, bei den persönlichen, geht es vermeintlich *um das eigene Ich*, um die eigene Person, um einen selbst, also um *innere* Verluste (Selbstwert, Ansehen, Selbstliebe, Selbstachtung). Die Denkrichtung ist: Wenn meine Karriere zerstört wird, bin ich selbst zerstört. Wenn mein Partner fremdgeht, bin ich selbst an den Pranger gestellt oder lächerlich gemacht. Also nicht mein Haus oder Essen oder Sachen drohen hier zerstört zu werden, hier drohe *ich selbst* beschädigt, verletzt oder zerstört zu werden. Darum viel mehr Schmerz, eben existentieller Schmerz, damit einhergehend auch Verlust von Selbstachtung und Wert, und daher gibt es bei diesen Ängsten auch eine viel größere Neigung zu Depression und Selbstmord.

Schönes Beispiel zur Erläuterung: Ein deutscher Unternehmer (ein wahrer Fall), der zu seiner Zeit Milliarden Euro besitzt und viele gutgehende Firmen, verliert plötzlich durch riskante Börsengeschäfte einen Großteil seines Vermögens und ihm bleiben vielleicht noch ein paar Hundert Millionen übrig. Selbst mit einem Bruchteil dieser Summe hätte ein animalischer oder materiell denkender Mensch sicher keine Probleme mehr, denn er könnte sich für sein körperlich-materielles Wohlergehen immer noch alles leisten. Doch dieser Unternehmer kann den Verlust nicht verkraften, er begeht tatsächlich Selbstmord (vermutlich aus Angst vor sozialer Ächtung und versagt zu haben). So schmerzhaft und „tödlich" sind diese Ängste, mehr aber noch die geistigen.

Geistige Ängste – Angst vor Gott und dem Leben

Hierzu gehören alle globalen Ängste, die mit dem gesamten Leben, Kosmos oder Gott zu tun haben, wie Angst vor Weltuntergang, der globalen Zerstörung, Angst vor Seuchen, kosmischen Katastrophen, auch vor Überfremdung, vor der „gelben Gefahr" (ach so, das war früher einmal) oder der „roten Gefahr" (ach so, die ist auch überholt), dann eben der „schwarzen Gefahr", Angst vor der eigenen Zerstörung und Auflösung, inklusive solcher menschengemachten Vorstellungen wie Angst vor UFOs oder angeblichen UFO-Entführungen. Hierher gehören also auch alle Angstobjekte, die nur der Mensch sich dazu ausdenkt, wie die Angst vor dem Tod (nicht dem unmittelbaren, aktuellen, das haben Tiere auch, sondern vor dem Tod an sich, der Vergänglichkeit, also den Gedanken an den Tod, dass alles todgeweiht ist usw.), dem großen Nichts, der Auslöschung der Person, vor der Leere, damit auch der eigenen Nichtigkeit und Wertlosigkeit. Dies und natürlich anderes kann zu *Angst vor dem Leben selbst* führen, wie Bulimie-Kranke deutlich demonstrieren, Angst, das (so ausgedachte) Leben nicht bewältigen zu können, und daraus sehr oft Angst vor der eigenen Lebensaufgabe und Bestimmung, vor allem dann, wenn es sich dabei um etwas Größeres handelt. Zu allem kommt natürlich noch – aber natürlich erst im religiösen, spirituellen Menschen, der Materialist wie auch Intellektuelle hat dies wohl kaum oder verleugnet es – die Angst vor Gott, vor dem Jüngsten Gericht, der kosmischen Bestrafung bis hin zur ewigen Verdammnis, Furcht vor der Hölle, vor Ausgegrenztsein, von Gott verlassen sein (siehe Jesus: Mein Gott, warum hast du mich verlassen?). Bei den spirituell fortgeschrittenen Menschen zeigt sich hier ferner eine grundlegende Angst, nicht mehr zu Gott oder der Einheit zurück zu können, die Erleuchtung nicht zu erreichen bzw. zu verpassen, oder die Angst, zu den nicht Auserwählten oder gar Verstoßenen zu gehören. Das sind die geistigen Ängste, die nur Menschen sich ausdenken können.

Diese Ängste zeigen sich aber üblicherweise erst, wenn der Mensch zumindest teilweise oder ansatzweise das intellektuelle Bewusstsein überschritten und ins spirituelle Bewusstsein gelangt ist und sich wirklich mit diesen kosmischen Dingen auseinandersetzt. (Noch detaillierter werden diese Bewusstseinsstufen der Menschheitsentwicklung dargelegt in dem Buch „Gott 9.0.", das diese Stufen nicht in 3, sondern noch genauer in 9 einteilt). Weder den animalisch-sinnlichen Menschen kümmert so etwas Abstraktes wie Hölle, Bestrafung oder Entsühnung, solange die Götter im Hier und Jetzt gnädig sind und ihm genug Essen, Kinder, Versorgung, Schafe etc. geben, und schon gar nicht das intellektuelle Ego, das nur mit sich selbst und seinem Status beschäftigt ist. Erst wenn der Mensch nicht durch bloße

Rituale oder übernommene Überzeugungen, sondern selbst und wirklich wissen wollend sich mit dem Kosmos, dem Geist, mit Gott oder dem Urgrund des Ganzen wie auch dem Sinn auseinandersetzt, kann und wird er auch diesbezügliche geistige Ängste entwickeln. Ein animalisch-sinnlicher Mensch wird sie gar nicht stellen, denn um Gott weiß er einfach instinktiv und macht sich hierüber kaum Gedanken. Ein intellektueller oder im Ego befangener Mensch wird sie sogar lächerlich oder absurd finden nach dem Motto: Wie kann man nur Angst vor einer ewigen Verdammnis haben, man sollte konkret Angst haben vor dem nächsten Börsencrash….

Diese Ängste über das eigene Sein, das große Nichts, von dem die Physiker als Nullfeld, Skalarfeld oder Nullpotential reden, aus dem alles entstanden sein soll, Ängste über die eigene Bestimmung und über Gott und was er wohl will und vorhat, Ängste um Ewigkeit, um das wahre Sein, um Erlösung oder Erleuchtung wird es erst geben, wenn die anderen Ängste ihre Bedeutung verlieren, wenn die Seele die früheren Ängste immer mehr und zumindest teilweise überwunden hat und sich jetzt damit auseinandersetzt. Und dieser Entwicklung kann man sich gar nicht verschließen, wenn die Zeit gekommen ist. Schon Augustin hat dies so ausgesprochen: „Rastlos ist mein Herz, bis es Frieden findet in dir, o Gott". Und so ist es auch. Es ist, wie Yogananda sagt, die ewige Sehnsucht des Menschen, über sich – als Ego –hinauszuwachsen und sich selbst zu erkennen. Eine Forderung an den Menschen überhaupt, wie sie schon seit uralten Zeiten von den Weisen propagiert und so auch im alten Griechenland im Tempel zu Delphi eingraviert war. Der Weg zu wirklicher Selbsterkenntnis stellt aber die bisherigen Grundlagen und Prämissen über die Welt in Frage. Sowohl die Welt kann sich nicht selbst erschaffen als auch die ständig wechselnde Persönlichkeit kann nicht wirklich mein beständiges **ICH** sein. Wer bin ich also? Mit diesen Fragen entstehen auch die großen geistigen Ängste und beherrschen uns zumindest so lange, bis die Antwort oder der Frieden dahinter gefunden ist.

Diese geistigen Ängste können sicher momentan nur von einem Teil der Leser nachvollzogen werden. Viele werden sagen: Ich habe jetzt ganz andere Sorgen. Aber auch die, die sie noch nicht kennen oder wahrgenommen haben, können aus der gesamten Weisheitsliteratur aller Völker nachlesen, dass sie immer und „immer ähnlich" aufgetaucht sind, sobald Menschen die Welt überhaupt hinterfragen oder, wie in der Mystik, übersteigen. In der Mystik hat man daher dem schlimmsten Teil dieser geistigen Ängste einen eigenen Namen gegeben, auch um die Sucher zu warnen und sie vorzubereiten. Man nennt sie „die dunkle Nacht der Seele". Hier tauchen auf dem geistigen Weg ganz unabhängig vom jeweils Suchenden immer dieselben größten Ängste auf, und dies ist zeit- und kulturübergreifend. Auch in den modernen Heilverfahren wie in unseren „Dynamischen Aufstellungen" tauchen sie dann auf, wenn wir kosmische Themen bearbeiten. Die „Highlights" dieser geistigen Nacht sind:

- Angst vor völliger Auslöschung,
- Angst vor völliger Bedeutungslosigkeit,
- Angst vor totalem Versagen,
- Angst, Gott verraten zu haben, den Himmel, die Einheit für immer zerstört zu haben, daher
- Angst vor ewiger Strafe und Verdammnis,
- Angst vor ewigem Dunkel oder irgendwelchen Höllenwelten und Wesen
- Angst vor totaler und ewiger Einsamkeit …. und vieles mehr

Aus Erfahrung mit vielen Menschen, die ich durch diese Prozesse begleitet habe, kann ich sagen, dass dagegen alle anderen Ängste der bisherigen Ebenen „Peanuts" sind, klein und unerheblich. Warum? Meine Vermutung ist, dass sie so schwer wirken, da es hier nicht mehr um etwas räumlich oder zeitlich Begrenztes, noch etwas Überschaubares oder Einmaliges geht, das auch wieder korrigiert werden kann, oder um etwas, wo jedenfalls noch Hoffnung ist. Sondern, zumindest dem Gefühl des Klienten nach, es hier geht um Ewiges, Totales, Allumfassendes, Nie-mehr-Gutzumachendes etc. Daher ist hier anders als bei anderen Ängsten auch keine Hoffnung mehr da (die ja zuletzt stirbt). Dante sagt zu diesem Punkt der Bewusstseinsentwicklung: „Die ihr hier eintretet, lasst alle Hoffnung fahren…". Eben nicht nur wegen ihrer alles beherrschenden Schwere, sondern auch aufgrund des Gefühls der Hoffnungslosigkeit und Aussichtslosigkeit sind sie so gefährlich. (Jesus soll ja auch gesagt haben: Vater, warum *hast du* mich verlassen? Wie als sichere Tatsache – und nicht: Warum *willst du* mich verlassen?). Ebenso fühlen sie sich an, diese kosmischen Ängste, als sichere, absolute Tatsache, dass man keine Chance mehr hat, dies noch irgendwie zu ändern. Nicht umsonst hat man früher solche Prozesse nur in Ashrams oder in Klöstern, und/oder unter Führung und Aufsicht eines erfahrenen Meisters und Lehrers gemacht, und dies ist auch heute immer noch zu empfehlen.

Doch selbst diese geistigen Ängste, soviel sie sich *quantitativ* in ihrer Schwere und Größe auch von den anderen unterscheiden, sind *qualitativ*, ihrem Wesen nach, ebenfalls nichts anderes als die Ängste der früheren Bewusstseinsebenen. Auch sie beruhen lediglich auf einem Gedanken oder Gedankenkonstrukt, und daher sind sie auch mit derselben Einsicht und Methode auflösbar. Obwohl ihr Objekt, ihre Größe, damit auch ihr konkreter Inhalt und somit auch ihre Wirkung verschieden sind, so werden wir jetzt aufzeigen, dass Ängste letztlich alle dasselbe sind, aus derselben Substanz und demselben Wesen bestehen und daher mit diesem Wissen – aber nur dann – leicht auflösbar sind. Erkenne ich dies nicht, bleibt mir nur übrig, die Angstauslöser im Außen zu minimieren (wenn ich nicht mehr fliege, habe ich auch keine Flugangst), oder im Inneren abzustellen (ich nehme jetzt diese Pillen, und dann ist mir alles egal…). Wir wollen aber die Angst dauerhaft und deshalb notwendig in ihrer Wurzel, in ihrem Wesen auflösen. Das werden wir daher jetzt näher untersuchen.

Übrigens **noch ein wichtiger Hinweis** zum besseren Verständnis des hier Gesagten: Wenn wir von Ebenen der Evolution des Bewusstseins sprechen, ob nun von drei (nach Hegel) oder von neun (nach Wilber), so müssen wir unbedingt beachten: Es ist nicht so, dass der Mensch *nur in oder auf einem* Level agiert und irgendwann ins nächste kommt und dann nur noch dort ist. *Wir wirken als Menschen ständig in allen Ebenen* und verschieben nur langsam wie in einer Welle (vgl. Gauß'sche Normalverteilungskurve mit entsprechenden Ausreißern) den Schwerpunkt zu den höheren Ebenen. Somit meint die Behauptung, jemand sei noch im sinnlich-animalischen oder im intellektuellen Bewusstsein, nur dies, dass er sich momentan *hauptsächlich* und *vorrangig* dort aufhält. Natürlich wechseln wir normalerweise immer wieder mal den generellen Bewusstseinszustand und auch der sinnlich-materielle Mensch denkt mal über Gott und die Welt nach und der spirituelle genießt mal den sinnlichen Teil oder nimmt an intellektueller Denkakrobatik teil (wenn er zum Beispiel ein Buch schreibt).

Preisfrage zum Schluss: Wie wechselt man ganz schnell diese Ebenen? Wie kommt man, sagen wir, vom spirituellen über gleich 2 Stufen tiefer ins animalisch-sinnliche Bewusstsein? – Ganz einfach: Geh aufs Oktoberfest und trink schnell 2-3 Maß Bier, danach ist selbst jeder Guru oder Esoteriker wieder ganz im sinnlich-animalischen Bewusstsein.

Woraus bestehen Ängste und wo befinden sie sich?

Was also ist das Wesen der Angst, der allen Ängsten zugrunde liegende gemeinsamen Nenner oder auch der Stoff, aus dem die Ängste sind? Wir sprechen von ihnen ständig und unbewusst, und so fühlen wir es auch. Wir sprechen von ihnen wie von etwas Objektivem, wie von einem Auto oder einem Stuhl oder zumindest einem geistigen Objekt, so als wären sie sozusagen eigenständige, geistige Wesen, die dann plötzlich über uns herfallen und sich unserer Seele und unseres Geistes bemächtigten. Dies ist übrigens auch die primitive Ansicht von Krankheit überhaupt, die besagt, dass Krankheiten so etwas wie eine Art von Dämonen seien, die uns plötzlich, und niemand weiß woher und warum, anfallen und gegen die wir uns wehren müssten. Nun, das glauben wir zwar nicht mehr, aber unsere modernere und derzeit populäre Ansicht – immer noch unreflektiert – ist diese, *dass Angst etwas sei, dass von einem bestimmten Objekt ausgeht, über uns herfällt und sich dann unserer bemächtigt.* Psychologen, die der Ansicht unbewusst anhängen, versuchen dann schon mal den Klienten dazu zu bringen, dass er diese angeblich angstauslösenden Objekte meidet,

Mediziner versuchen sogar, mit Medikamenten die Wahrnehmung oder Rezeption überhaupt zu beeinflussen und damit die Wirkung solcher Objekte zu unterdrücken oder zu minimieren. Diese Art, den Klienten unter Drogen zu setzen, ist ein ebenso primitiver wie offensichtlich falscher Ansatz. Denn dann müsste es einen klaren Wirkungszusammenhang geben, der auch immer nachweisbar wäre. Dies würde bedeuten, bei Auftreten eines bestimmten Objekts oder einer Situation hätten wir alle bei gleicher persönlicher und körperlicher Ausgangslage mehr oder weniger Angst, das Objekt würde aber prinzipiell auf alle angstauslösend wirken.

Aber ist dies wirklich so? Bei näherem Betrachten zeigt sich: Bei Auftreten einer angstauslösenden Situation im Äußeren hat der eine Angst, der andere nicht. Selbst für Giftschlangen gilt dies, die von manchen Mitmenschen ohne Angst gemolken werden. Der eine hat Angst vor dem Fliegen, der andere nicht. Der eine hat Angst vor dem Krebs, der andere nicht, bei gleicher Umgebung oder Umwelt. Warum hat nun der eine Angst und der andere nicht? Was unterscheidet die beiden? Die Antwort ist doch gar nicht so schwer.

So fürchtet sich jemand vor einem Menschen anderer Hautfarbe nur dann, *wenn er eine bedrohliche Meinung von ihm hat,* sonst aber nicht. Nehmen wir zum Beispiel an, jemand glaubt, Schwarze (und man setze jede andere Hautfarbe ein) seien gefährlich, roh und brutal, so wird er bei einer Begegnung *automatisch* Angst vor einem Schwarzen haben. *Wobei er dann felsenfest glaubt, die Gefahr gehe von jenem Menschen aus.* Oder wenn jemand *glaubt,* dass bestimmte Chemikalien Krebs auslösen, wird er Angst davor haben, mit diesem Stoff umzugehen, ganz egal, ob dies rational bewiesen ist oder nicht. Oder ein Religiöser *glaubt,* ein bestimmter Mensch sei von Gott verdammt oder verflucht oder ein Ketzer oder gar der Antichrist. Dann wird er sicher vor ihm Angst haben, sonst aber nicht. Wird also die Angst durch den schwarzen Mann oder durch den bestimmten Stoff oder durch den sogenannten Ketzer bewirkt? Offensichtlich nicht, obwohl es vom Subjekt her gesehen genau so aussieht. Hier lernen wir nun eine der wichtigsten Erkenntnisse über Angst, die wir unbewusst bis heute nicht erkennen, sonst hätten wir keine mehr:

Angst kann nicht von außen kommen.

Wenn wirklich die äußeren Situationen Angst bewirken könnten, so etwa, wie jeder nass wird, wenn es regnet, so müssten in einer konkreten Situation alle vielleicht mehr oder weniger, aber doch gleichermaßen Angst haben. Dem ist aber nicht so, nicht einmal bei körperlichen Bedrohungen und Ängsten. Der eine Körper hat Angst vor Höhe, der andere nicht. Der eine hat Angst im Kampf, der andere nicht (weswegen wir ihn ja als Helden feiern können). Es gibt also prinzipiell beide Möglichkeiten, Angst zu haben oder keine zu haben, weshalb wir ja auch auffordern: „Hab doch keine Angst....", was wir nicht täten, wenn die Angst automatisch von außen käme und wir ihr völlig ausgeliefert wären. Allerdings müssen wir natürlich noch die inneren Glaubenssätze berücksichtigen, doch mir geht es hier nur um die Möglichkeit.

Diese Argumentation gilt genauso für seelische und geistige Ängste: Der eine hat Angst vor Partnerverlust oder sozialem Abstieg, der andere nicht; der eine hat Angst vor ewiger Verdammnis, ein anderer nicht; der eine hat Angst vor dem Leben, der andere nicht; obwohl sie sich in derselben äußeren oder inneren Situation befinden. Dies ist nie rational begründet. Wenn jemand Angst hat, den Partner an jemand anderen zu verlieren, also stark eifersüchtig ist, so nützen alle Beweise des Gegenteils nichts (siehe Othello). Wenn jemand Angst vor dem Fliegen hat, kann man statistisch beweisen, wie sicher Flugzeuge sind, es nützt nichts, wenn er an die Gefahr glaubt und davon überzeugt ist. **Die Angst scheint rein aus dem Glauben zu kommen, und zwar aus dem Glauben desjenigen, der Angst hat, niemals aber vom Objekt selbst.** Dies kann man sehr schön an dem alten Beispiel aus der Mystik sehen: Ein Mensch, der im Halbdunkel ein Seil für eine Schlange hält, hat Angst davor, und jedes Zureden nützt hier nichts. Erst wenn er erkennt, dass es nur ein Seil ist, wird seine Angst automatisch verschwinden, ohne dass wir auf das Objekt eingewirkt haben. Wir haben nur – aber das ist das Entscheidende der Heilung – seine Meinung darüber geändert.

Fazit ist also, dass weder äußere Menschen, Situationen, Umstände oder Dinge Ängste machen können, obwohl wir es oft unbewusst so fühlen und sagen: Das oder jenes *macht* mir Angst. Aber das können Objekte nicht. Sie können gefährlich sein, aber keine Angst machen.

Objekte, Situationen und Menschen sind immer nur Auslöser.

Wir müssten vielmehr korrekterweise sagen, dies oder jenes löst Angst in mir aus. Und hier wiederum gibt es nicht Dinge, die Angst auslösen und andere nicht, *denn alles und jedes könnte prinzipiell Angst auslösen,* selbst ein harmloses Seil im vorigen Beispiel. Und daher können selbst Dinge fiktiver Art wie UFOs oder Videospiele, die ganz real völlig harmlos oder nicht einmal real existent sind, beim Menschen Ängste auslösen. Der Auslöser ist aber nicht die wirkliche Ursache, so wenig wie das entzündete Streichholz eine Explosion verursacht, sondern vielmehr das vorhandene Pulver. Ist kein Pulver da, so wird das Streichholz wenig Wirkung haben. Ebenso ist es auch bei den Ängsten.

All die Dinge und Menschen, die uns Angst machen, selbst die nachweislich gefährlichen, sind keineswegs die wirklichen Ursachen von Angst, sondern nur die Auslöser für etwas in uns selbst.

Dagegen spricht auch nicht, dass es Menschen gibt, die generell und ständig Angst haben, ohne bestimmte Auslöser. Dies zeigt vielmehr, dass wir bei ihnen nicht einmal mehr Auslöser brauchen, Angst zu haben, dass also das „Pulver" oder das Wesen der Angst jetzt aktuell immer in ihnen liegt und lauert, wie eine Art ständiger Alarmbereitschaft. Dies entsteht vermutlich dann, wenn es zu viele Reize und schon über lange Zeit Auslöser gegeben hat. Dann entsteht eine Art Daueralarm oder die Welt wird als dauerhafte Bedrohung ganz unabhängig von noch einzelnen Auslösern wahrgenommen. Doch auch hier gilt: Die Angst ist immer in uns und kommt von nirgendwo sonst.

Dies ist aber die wirklich gute Nachricht, denn wenn tatsächlich die Objekte, Dinge und Menschen die Ursache wären, so könnten wir daran auch nicht viel ändern, sondern müssten – wie bisher – zu den üblichen medizinischen oder psychologischen Mitteln greifen, die zumeist aus Unterdrückung und Vermeidung bestehen. Du bekommst Anweisung, das Bedrohliche zu meiden, du bekommst Medizin, es nicht mehr wahrzunehmen bis zur dauerhaften Stumpfheit, und die Priester oder gutmeinende Freunde trösten dich dann, dass diese Welt halt ein Jammertal ist. Oder du versuchst, wie der kleine Mann, die Ängste mit Alkohol und harter Arbeit auszublenden. So weit die bisherigen Strategien. Wenn es sich aber herausstellt, wie hier gezeigt wird, dass nicht *die äußeren Dinge oder Menschen* oder gar ganze Gruppen Angst erzeugen können, sondern *nur Auslöser sind* für etwas schon in uns Vorhandenem, sie uns also gar nicht Angst „machen" können, selbst wenn sie wollten, so können wir hoffen, sie in uns auch völlig auflösen oder transformieren zu können.

Angst ist nichts Materielles, sondern ein Phänomen im Bewusstsein.

Zuerst sollten wir aber noch genauer untersuchen, was genau das ist, das durch jene angstmachenden Faktoren in uns ausgelöst wird. Was also ist das in unserer Analogie sogenannte „Pulver", das sich in uns befindet und das die Auslöser nur anzünden oder entfachen. Wir fragen also nach der Substanz, nach dem Wesen der Angst. Wenn ich diese Frage in meinen Seminaren stelle, wenn ich die angstbesetzten Teilnehmer konkret frage, aus was genau bestehen denn ihre Ängste, so kommen viele ins Grübeln. Sie suchen dann immer noch nach einer realen Existenz, da Ängste ja immer als äußere Bedrohung gefühlt werden, und manche ganz Schlauen suchen sie vielleicht in einem Hormon oder Wirkstoff im Körper (was aber stets nur die FOLGE von Angst ist und sein kann. Beweis: Denke und fühle einfach angstvolle Gedanken, und der Körper schüttet diese Stoffe aus). Um ihnen dann jegliche Hoffnung zu nehmen, sage ich grausamerweise: Wenn sie doch so real existiert und dich so quält, so gib mir einfach ein paar Gramm Angst, selbst nur ein paar Milligramm, und ich glaube dir, dass sie wirklich existiert.

Nun, bisher war noch niemand in der Lage, mir auch nur ein Hundertstel Gramm Angst zu geben. Ist das nicht erstaunlich? Diese so mächtige, alle Menschen erschreckende, uns körperlich und seelisch verengende, uns persönlich in die Knie zwingende Angst, die selbst ganze Völker in Kriege und Verderben treibt, wo ist ihre Substanz? Könnte es vielleicht am Ende so sein, dass sie ein bloßer Schatten ist, eine bloße Vorstellung, ein bloßes Phänomen im Bewusstsein? Wir werden sehen. Untersuchen Sie es selbst und stellen Sie sich diese Frage. Halten wir dann das Ergebnis fest, dass Angst keine eigenständige materielle oder geistige Existenz hat. Wenn überhaupt, dann *existiert sie nur innerhalb* eines fühlenden Subjekts, also beispielsweise in Tieren und Menschen (vielleicht auch Pflanzen, aber das spielt hier keine Rolle), und hier nur im Bewusstsein. Denn im Tiefschlaf, wo ich kein Bewusstsein von mir mehr habe, gibt es auch keine Angst mehr, ganz im Unterschied zu körperlichen Leiden, die dann auch noch da sind. Die Angst aber ist dann zugleich mit dem Aussetzen des Ich-Bewusstseins spurlos verschwunden. Erstaunlich, oder nicht? Demnach *muss* sie ein Phänomen meines Bewusstseins sein, sei es nun Wach- oder Unterbewusstseins.

Kinder haben von Natur aus wenig Angst.

Des Rätsels Lösung kommen wir gleichfalls näher, wenn wir einmal die Entwicklung eines einzelnen Menschen, auch von uns selbst, unter diesem Aspekt betrachten. Wie wir sicher wissen oder uns noch erinnern können, hatten wir als Kinder kaum Angst, waren ganz im Hier und Jetzt und freuten uns auf jeden neuen Tag, auf das Leben und zumeist auch auf alle neuen Menschen, die in unser Leben kamen. Furchtlos und mit offenem Herzen gingen wir auf andere Menschen zu (warum uns ja dann eingetrichtert wurde, von Fremden nichts mehr anzunehmen oder sie gar zu fürchten). Dies heißt aber nicht, dass wir damals überhaupt keine Ängste gehabt hätten. Selbst ein Baby und dann Kleinkind bringt schon gewisse Ängste mit, vor allem körperbezogene, die aber für uns durchaus sinnvoll sind, wie die Angst vor Verhungern oder Verletzung. Sie helfen uns im Leben im Gegensatz zu den meisten anderen später erworbenen eingebildeten Ängsten. Solche von Natur aus in uns angelegten Ängste, die ich *biologische Ängste* nennen möchte, *treten aber nur auf in konkreten Situationen und stets in der Gegenwart* und nicht, weil das Kind sich ausmalt, dass es morgen verhungern könnte, oder sich einen Gott ausdenkt, der es bestrafen will. Daher gab wohl Jesus einst die einfache Anweisung: Werdet wieder wie die Kinder, dann ist euch das Himmelreich, und das heißt ein Leben ohne Ängste.

Doch wir gingen und gehen einen anderen, entgegengesetzten Weg. Im Laufe unseres Lebens oder zumindest in dem der meisten Menschen kamen nun immer weitere Ängste dazu. Wir lernten, uns vor immer mehr angeblichen Gefahren und Bedrohungen in Acht zu nehmen, bis hin zum anderen Geschlecht. Wir lernten sogar, Angst vor rein fiktiven oder hypothetischen Dingen oder Situationen zu haben, Angst vor den anderen, die uns nie etwas getan haben, und dies so weit, dass wir nicht nur in der Kubakrise, sondern auch 1983 durch die Hochrüstung im Kalten Krieg um ein Haar unsere Welt atomar in die Luft gesprengt hätten, wie bis heute nur wenige wissen. Wir entwickeln ferner Angst vor Menschen anderer Hautfarbe, anderem Status (Proletariern), anderen Lebensweisen, anderem Verhalten, anderen Glaubensvorstellungen und vieles mehr. Ja wir bekommen jetzt sogar Angst vor dem anderen Geschlecht, den schlimmen Frauen oder Männern (denn Männer sind Schweine, so hört man). Statt mit offenem Herzen wie Kinder aufeinander zuzugehen, haben wir nun Angst vor Verletzungen selbst durch den geliebten (?) Partner, durch Arbeitskollegen, durch Verwandte, durch politisch Andersdenkende und vieles mehr. Es wäre viel zu umfangreich, alle die Ängste aufzuzählen, die wir uns im Laufe unseres Lebens aneignen. Natürlich kommt später auch noch die Angst um die Gesundheit, den Arbeitsplatz, den allgemeinen Terrorismus, die Klimaerwärmung, Schweinegrippe und vieles andere dazu, vor dem wir gesellschaftlich Angst zu haben haben. Dies ist kein Witz, denn als ich beim Aufkommen der Vogelgrippe, Schweinegrippe und anderer „gesellschaftlich anerkannter Gefahren" keine Angst zeigte, sondern mich noch darüber lustig machte, wurde ich ausgegrenzt und angegriffen (verantwortungslos), genauso wie meine Frau, die unsere Kinder nicht impfte, weil sie der anerkannten allgemeinen Angst, was die Kinder alles bekommen könnten, nicht folgen wollte (und so hat sie ihr Immunsystem gerettet). Doch man hat heute Angst zu haben und sich impfen zu lassen.

Nebenbemerkung: Wenn Sie also später vielleicht durch dieses Buch oder andere Methoden Ihre Ängste nicht mehr ernst nehmen können oder wollen und sie gar auflösen, so hüten Sie sich davor, dies allgemein kundzutun oder Ihre Erfolge überall herumzuposaunen. Man könnte Sie dann leicht für einen psychisch Gestörten halten (nur die sind, wie man weiß, ohne Angst) und man wird Ihnen dann fürsorglich entsprechende Behandlung zukommen lassen. Lösen Sie vielmehr Ihre Ängste auf und schmunzeln Sie, wenn Sie mit der Meinung konfrontiert werden, Angst müsse es geben oder man habe sie einfach zu haben, sonst wäre man zumindest verantwortungslos, ebenso wie wir heute darüber schmunzeln, dass mathematisch bewiesen wurde, dass die Hummel nicht fliegen kann. Machen Sie's trotzdem.

Ängste werden also im Laufe des Lebens von uns gemacht oder „heruntergeladen".

Doch zurück zu der Frage: Warum haben Kinder so wenige und Erwachsene so viele Ängste? Wenn also schon aus unserer Erfahrung heraus immer mehr Ängste im Laufe des Lebens dazu kommen, so sind sie logischerweise nicht von Natur aus da. Dies sind nur wenige „biologische Ängste", die von Natur aus mitgeliefert werden, alle anderen sind erst gemacht oder erschaffen worden. Von wem, werden wir noch im nächsten Kapitel untersuchen. Wir wissen jetzt also: *Ängste befinden sind im Bewusstsein und nur dort und werden hier erschaffen, nicht von außen.* Unser Bewusstsein operiert hier ähnlich wie ein Computer – Ängste sind Programme, die uns Gefahren einreden, vor denen sie dann angeblich schützen sollen, doch in jedem Fall sind sie vom Benutzer heruntergeladen und installiert worden. Er hätte sich auch für andere Programme entscheiden können, für jene der Liebe. Das haben wir schon beleuchtet.

Im Vergleich zu unserer Kindheit ist es ganz so, wie wenn wir einen neuen Computer kaufen. Noch ganz jung hat er vielleicht nur einige wenige und durchaus sinnvolle Firewall- oder sonstigen Programme, die seinem

Schutz dienen. Doch im Laufe der Zeit, vor allem, wenn wir unbewusst leben, laden wir auf dem Computer unseres Bewusstseins immer neue Programme und Glaubenssätze herunter, ohne zugleich eine Einweisung mitzubekommen, wie wir sie wieder löschen können. Und so sammeln sich alle möglichen schädlichen Programme an, die wir dann einfach zu minimieren oder zu unterdrücken suchen, statt sie zu beseitigen. Sie lassen sich auf Dauer aber nicht in Schach halten, lähmen den Computer, schwächen seine Arbeitsleistung und machen ihn so immer langsamer bis zum Absturz, den wir in unserer Welt Burn-Out nennen. Dumm gelaufen, so könnte man meinen, aber jetzt halten Sie ja eine Gebrauchsanweisung in den Händen. Der Vergleich zu Computerprogrammen ist hier also gar nicht so abwegig, sondern zeigt *sehr anschaulich, was Ängste eigentlich wirklich sind* – meist störende *mentale Programme*, ungünstige Software, wie sich inzwischen herausgestellt hat.

Jede Angst basiert immer auf einem Glaubenssatz, einer Überzeugung.

Woraus nun bestehen diese Programme oder Ängste in uns? Die Lösung ist eigentlich ganz einfach. Man muss nur denjenigen, der Angst hat, fragen: Warum hast du Angst speziell vor diesem oder jenem Objekt, dieser Situation oder diesen Menschen? *Er wird immer mit einem Glaubenssatz, einer Überzeugung antworten.* Er wird uns sagen, ich habe Angst, weil Männer gefährlich sind, weil Schwarze von Natur aus Kriminelle sind, weil die Russen oder die Irakis uns angreifen wollen, weil Gott uns bestrafen wird für unsere Sünden. Es ist immer weil, weil, weil…plus Glaubenssatz. Natürlich kann sich dies auch auf mich selbst beziehen, wie: Ich habe Angst, weil ich nicht genüge, versagen werde, zu kurz komme, den Partner verliere. Aber wie auch immer, *probieren Sie es selbst mit jeder Ihnen bekannten Angst aus*:
Ergebnis: Es entpuppt sich, dass jede Angst auf einer Überzeugung, einem Glaubenssatz beruht, der durchaus aufgrund von Erfahrungen gebildet worden sein kann, aber nicht muss. Ich kann auch fiktive Dinge glauben

oder einfach mit einer Überzeugung indoktriniert sein, ohne sie jeweils erfahren zu haben, und hier kommen wir zum Thema „Verantwortung", auf das wir noch näher eingehen werden, wenn wir über den Schöpfer der Angst im folgenden Abschnitt sprechen werden. In jedem Fall hat sich der Mensch einst für die Überzeugung entschieden, hat einen bestimmten Glauben angenommen, der ihm vielleicht jetzt Angst macht. Er tat dies sicher, ohne die Folgen zu kennen oder abzusehen. Aber darum kann er dennoch nicht die Verantwortung für die Angst bzw. den ihr zugrundeliegenden Glaubenssatz abschieben oder leugnen, selbst wenn er vielleicht momentan unbewusst ist.

Jede Angst enthält natürlich nicht nur eine mentale Konstruktion, einen bloßen Gedanken als ihre Basis, sondern ist inzwischen entsprechend mit Energie und Gefühl angefüllt worden, ist inzwischen eine gefühlte und erlebte Aussage, eine tief emotional verankerte Überzeugung. Daher reicht es nur zu Beginn einer Angst, seine Meinung einfach zu ändern. Ist sie erst einmal mit emotionaler Energie gefüllt, müssen wir sie wieder fühlen, um sie loswerden zu können. Das ist leider so, sonst könnten wir es auch in jedem Moment einfach entscheiden, keine Angst mehr zu haben, was aber nicht funktioniert. Doch in jedem Fall gilt der Grundsatz, wie immer wir ihn dann praktisch erreichen:

Wenn wir der Angst ihre Aussage nicht mehr glauben, sie nicht mehr für wahr halten, sondern es schaffen, sie einfach nur zur Kenntnis zu nehmen, ohne die Emotionen dazu, dann wirkt sie nicht auf uns, ist keine Angst mehr, allenfalls nur noch eine beliebige Aussage. *Erst wenn wir den Gedanken auch glauben, und je mehr, desto mehr haben wir Angst.*

Dies erklärt uns unsere früheren Beispiele. *Nur wenn ich glaube*, dass jemand gefährlich ist, habe ich Angst vor ihm. *Nur wenn ich glaube*, dass ich so ewige Verdammnis oder Bestrafung erfahren könnte, habe ich Angst zu sündigen. Halten wir also diese sehr wichtige Erkenntnis fest:

Angst kommt nicht von einem Objekt, Menschen oder einer Situation, sondern ist ein Glaube, eine Überzeugung darüber, was mir schaden könnte, die ich selbst gefällt, die ich bewusst oder unbewusst angenommen habe.

Angst besteht also wie jede andere Überzeugung aus Gedanken, hat demzufolge die Substanz von Gedanken, füllt sich aber durch unseren Glauben im Lauf der Zeit mit emotionaler Energie.

Und dies gilt für jeden einzelnen Fall. Prüfen Sie es selbst nach. Egal, welche Angst Sie nehmen, Sie haben immer Angst vor etwas, weil….. und das ist immer eine Überzeugung. Sollten Sie etwas anderes finden, dann teilen Sie es uns mit. Zwar wissen wir im Leben nicht immer, warum diese Angst in uns ist, aber wenn wir es untersuchen, die Angst erleben und fragen, was dann passieren könnte, was mir die Angst sagt, so kommt auch immer die Aussage: Bedrohlich, weil….und die entsprechende Überzeugung. Auch in den wenigen Fällen, in denen man einfach Angst hat, ohne zu wissen, warum, ist dies nur eine Kumulation von Ängsten, eine Chronifizierung, und so gesehen entweder eine Angst vor der Angst selbst oder ganz allgemein vor dem Leben, das angeblich so angsterregend ist. Auch wieder eine Überzeugung.

Materialisten, die nun einwenden könnten, dass hier auch chemische Prozesse maßgeblich beteiligt sind und jene Angst auslösen können, wollen wir entgegnen, dass hier Wirkung und Ursache verwechselt werden. Denn, wie schon gezeigt, lösen die angeblich angstauslösenden Faktoren nicht immer Angst aus, und wenn, dann nur bei denen, die an die Gefahr usw. glauben. Ohne diesen Glauben finden auch keine chemischen Reaktionen im Körper statt. So wie der Körper in Hypnose eine reale Brandblase bildet, wenn er mit einem Bleistift berührt wird, von dem der Klient glaubt, es sei eine brennende Zigarette, genauso bildet der Körper chemische Reaktionen, wenn der Klient glaubt, etwas sei gefährlich oder bedrohlich für ihn, und nicht umgekehrt! Zuerst kommt immer die Vorstellung, dann die chemische Reaktion, wie man an vielen Beispielen aus der Neuropsychoimmunologie und Gehirnforschung klar sehen kann. Populär gesagt: Wir verlieben uns und schütten dann entsprechende Hormone aus, und nicht umgekehrt.

Wir kommen also zu folgender Erkenntnis, die schon Jesus gepredigt hat: Dir geschieht nach deinem Glauben (und nicht nach deinen Hormonen). Und genau das ist die Antwort auf die oben gestellte Frage, warum Kleinkinder üblicherweise noch so wenig Angst haben. Sie haben einfach

noch wenig Glaubenssätze und vor allem kaum negative und angstauslösende. Aber auch hier gilt: Glaubt ein Kind an einen bösen, strafenden Weihnachtsmann, wird es Angst bekommen. Glaubt es an einen schwarzen Mann unterm Bett, wird es Angst haben, allein einzuschlafen. Es ist also jetzt eindeutig klar, es liegt an der Überzeugung und am Glauben. Fazit unserer Untersuchung:
Ängste sind jene Glaubenssätze, die uns glauben machen, dass etwas für uns bedrohlich oder gefährlich ist. Sie bestehen im Kern wie alle Überzeugungen aus Gedanken. Das ist also ihre Substanz und das Wesen aller Ängste – bloße Gedanken!

Daher ist es uns auch möglich, vor allem und jedem Angst zu haben, wenn wir dies wollen und so entscheiden. Andererseits gilt ebenso: *Nichts und niemand kann uns Angst machen, wenn wir nicht an diese Bedrohung glauben.* Prüfen Sie es selbst empirisch anhand Ihrer eigenen Erfahrung nach. Was hat sich geändert, bevor Sie eine Angst hatten, und danach, als Sie sie hatten? Wohl nur eine Überzeugung, die Sie angenommen oder geändert haben. Und als Sie eines Tages die Angst nicht mehr hatten, was ist da passiert? Sie haben Ihre Meinung geändert. Sie glaubten nicht mehr an diese Bedrohung. Vielleicht besteht doch keine Bedrohung durch die rote Gefahr. Oder Schwarze sind doch nette, liebe Leute. Oder die Schlange wurde zu einem Seil und die Angst war sogleich weg. *So einfach ist das.* Wenn ich nicht mehr an den Weihnachtsmann oder schwarzen Mann oder was auch immer glaube, so habe ich automatisch keine Angst mehr davor. Wir müssen also sehen, wie wir unsere Überzeugungen, die inzwischen emotional verfestigt sind, wieder ändern oder auflösen können.

Und so können wir auch die oben gestellte Frage beantworten: Wo befinden sich die Ängste also? Sind sie gefährliche Substanzen oder in unserem Körper kleine, bösartige Moleküle oder Hormone oder sind es äußere, bösartige Wesenheiten oder gar Dämonen? Fallen sie von außen über uns her, wie wir etwa glauben nach dem Motto: „Du oder das macht mir Angst..." Nichts von alledem. Sie sind da, wo alle Gedanken und Überzeugungen sind, nämlich ursprünglich auf der mentalen Ebene in unserem Bewusstsein, genauer gesagt in unserem Ego-Bewusstsein oder Verstand, der sich entweder diese Überzeugungen ausdenkt oder sie bewusst und freiwillig (durch Belohnung) oder auch unfreiwillig (durch Bestrafung) selbst angenommen hat. Also können wir die Frage nach ihrem Aufenthaltsort so beantworten:

Ängste befinden sich ausschließlich in unserem Bewusstsein, auch Unterbewusstsein, und hier im mentalen Bereich, und hier und nur hier können sie bearbeitet werden.

Eine Angst ist also letztlich nur ein Programm auf unserem geistigen Computer, und wie eine Firewall kann man einige als nützliche Werkzeuge einsetzen oder belassen. Da uns aber die meisten der im Laufe des Lebens erworbenen Ängste behindern oder inzwischen sogar beherrschen, so ist es an der Zeit, wieder *Meister über sie zu werden* und sie zu löschen. Und das ist letztlich die wirklich gute Nachricht dieser geistigen Analyse: Wenn Ängste im Kern nur aus Gedanken bestehen, so kann der, der sie angenommen hat, sie auch wieder löschen. Auch müssen wir sie dann nicht so gewichtig, so absolut nehmen. Wenden wir uns also nun noch demjenigen zu, der sie programmiert oder auf unser System heruntergeladen hat. Wir werden also klären: *Wer* erschaffte oder erzeugte die Ängste? *Wer* ist dafür verantwortlich? Sind wir hier Opfer äußerer Einflüsse, wie viele derzeit glauben, auch im Sinne von schlechtem Karma oder Opfer der „unerforschlichen Ratschlüsse" Gottes, oder sind wir vielleicht sogar ihre unbewussten Schöpfer und wissen es nur nicht. Doch letztlich hat nur der Schöpfer oder „Administrator" die Macht, etwas zu ändern. Daher ist dies eine spannende und wichtige Frage.

Wer erschafft die angstmachenden Überzeugungen?

Angst basiert also auf einer Überzeugung in unserem Bewusstsein, die uns etwas darüber aussagt, warum wir diese Angst haben sollten, warum wir also ein Objekt, bestimmte Menschen oder bestimmte Situationen bedrohlich finden oder fürchten sollten. Da dies meist unbewusst ist, sollten wir uns bei jeder Angst immer fragen: „Was sagt mir die Angst? Was könnte mir oder anderen passieren? Mit was droht sie mir? Welches Szenario malt sie aus? Was sind die Folgen, wenn ich ihr nicht folge?" Auf diese Weise mache ich mir stets den Inhalt und die Glaubenssätze klar, die ich haben muss, um diese Angst haben zu können. Dies ist der erste Schritt, sie zu konkretisieren und später aufzulösen.

Bitte machen Sie einmal mit einigen Ihrer größten Ängste diesen Versuch. Fragen Sie diese Fragen. Sie haben beispielsweise Angst vor der Pleite. Dann schauen Sie, was die Angst Ihnen sagt, was Ihnen alles passieren wird. Manchmal hilft dies schon zur Linderung, denn die Aussagen sind manchmal lächerlich, oder Sie können leicht sehen, dass dies alles Spekulation ist. Woher will man das wissen? Byron Katie fragt hier ihre berühmten 4 Fragen, ob dies wirklich wahr ist, bis man erkennt, dass dies *nur ein Gedankengebilde des Verstandes* ist. Doch haben Ängste auch noch eine emotionale Komponente, die wir in der 10-Schritte-Methode berücksichtigen, wenn wir sie auflösen. Sie brauchen also diese Fragen für unsere Praxis nicht. Es ist nur wichtig, prinzipiell zu verstehen und sich klarzumachen, dass Ängste nur aus einer bestimmten Überzeugung plus dem Glauben daran (das ist die energetisch-emotionale Komponente) bestehen. Dies sollte man prinzipiell im Hinterkopf behalten, dann geht es später leichter. Wer immer noch daran zweifelt und glaubt, Angst sei etwas Reales, der mache folgendes Gedankenexperiment:

Stellen Sie sich vor, Sie sollten über ein längeres Holzbrett von vielleicht 30 Zentimetern Breite laufen, ausgelegt zwischen 2 Trägern oder Stühlen in etwa 1 m Höhe. Wäre dies schwierig? Wohl kaum. Im gesunden Normalzustand wäre dies sicher kein Problem und kaum einer von uns hätte Angst davor. Warum? Aus dem einzigen Grund, *weil wir überzeugt sind, das uns nichts Schlimmes passieren könnte.* Wenn wir aber ganz dasselbe Brett in 100 Metern Höhe legen und dann in dieser Höhe darüber laufen sollten, so haben wir damit sehr wahrscheinlich ein großes Problem und große Angst. Warum eigentlich? Weil nun unser Mind, unser Verstand, uns ausführlich vor Augen führt, dass wir dabei zu Tode stürzen, grausam verunglücken und dabei umkommen könnten. Wir haben Bilder von einem schrecklichen Fall und Tod. Dabei wäre der rein physische Akt ganz derselbe, und so auch das wirkliche Risiko zu fallen. Und tatsächlich, Menschen ohne solche Angst können dies auch in 100 Meter Höhe problemlos tun. Ebenso können wir in jener Höhe physisch genauso gut und problemlos über dieses Brett gehen, wenn wir beispielsweise gar nichts von der Höhe wüssten, beispielsweise mit verbundenen Augen an der Hand geführt würden, ohne etwas davon zu ahnen. Die beiden Situationen – einmal über das Brett in der Höhe oder nahe dem Boden gehen – unterscheiden sich nur dadurch, dass wir uns ausdenken und ausmalen, was alles passieren würde. *Wer aber erschafft nun all diese Befürchtungen? Da bleibt niemand anders übrig als wir selbst.*

In uns befindet sich also die jeweilige Überzeugung, das gesuchte „Pulver" in unserem Beispiel, das dann nur von einem Streichholz, sprich „Auslöser", entzündet wird, den wir dann fälschlicherweise für die vermeintliche Ursache halten. Wenn wir jede beliebige Angst untersuchen, so ist da immer eine für uns bedrohliche Überzeugung dahinter. *Aber sie allein reicht nicht aus, es muss auch der Glaube daran hinzukommen.* Wenn ich nur in Theorie erwäge, die Erde sei eine Scheibe, halte dies aber für Unsinn und glaube nicht daran, dann habe ich kein Problem damit. Wenn ich aber fest daran glaube, dann habe ich große Angst, an den Rändern herunterzufallen, wie sie die Menschen damals auch hatten. Wir übernehmen also die Überzeugung als wahr in unser System bzw. akzeptieren und glauben sie, und zwar längst vor dem eigentlichen Ausbruch der Angst, die erst dann entsteht, wenn noch ein Streichholz hinzukommt. Mit dieser Übernahme, der Akzeptanz als Wahrheit und dem Glauben daran, habe ich auch die entsprechende Angst erschaffen, habe ich sie materialisiert. Ohne Glauben erzeugt die Überzeugung allein keine Angst, *daher ist Angst eine bedrohliche Überzeugung plus Glauben* daran.

Schöpfer oder Opfer der Angstüberzeugungen?

Wenn man also erkannt hat, dass die Angst verursacht wird durch die Überzeugungen unseres Bewusstseins, macht es keinen Sinn mehr, das Außen zu bekämpfen oder verändern zu wollen, sondern man kann dies nun im Innen des eigenen Bewusstseins klären. Doch manche werden hier einwenden, dass wir über unsere Überzeugungen keine Kontrolle hätten, dass diese Glaubenssätze vom Religionslehrer, vom Fernsehen, von den Eltern (sehr beliebte Projektionsfläche), von der Partei oder sonstwoher indoktriniert, also uns aufgezwungen wurden. Kurz gesagt, wir seien Opfer des Systems oder der äußeren Umstände. Das Argument greift aber nicht, denn selbst dann, wenn die Überzeugung nicht selbst ausgedacht ist, sondern fremdbestimmt uns aufgezwungen oder manipulativ eingetrichtert wurde, damals wie jetzt hatten und haben wir wieder die Wahl, weiterhin Opfer zu sein und die Ängste laufen zu lassen oder selbst wieder die Herrschaft über unseren Computer und unsere Festplatte zu übernehmen. Dazu müssen wir aber Schöpfer sein und dem Unterbewusstsein neue Befehle erteilen, und dies werden wir bei unserer Methode mittels Bilder tun, die wir bewusst erschaffen.

Wir können also zugeben, dass die Überzeugung, die von der Angst ausgesagt wird, sich in unserem Bewusstsein befindet oder analog gesprochen auf meinem Rechner als ein Programm, dass wir einst gewollt oder zumindest zugelassen haben. Ferner, dass wir dann daran geglaubt haben, auch wenn wir uns jetzt nicht mehr daran erinnern, warum wir es einst gewollt oder heruntergeladen oder dies zugelassen haben. Natürlich können wir die Verantwortung für den Inhalt unseres Bewusstseins leugnen und einfach behaupten, diese Überzeugungen, beispielswiese von der Gefährlichkeit der Schweinegrippe, seien von den Medien indoktriniert worden. Das stimmt auch, aber wir haben bereits gesehen, dass wir es zugelassen haben, denn die einen haben es geglaubt, die anderen nicht. Ich habe immer eine Verantwortung dafür, was ich an Glauben annehme. Auch wenn wir die Ursache für die Angst-Überzeugung den Eltern zuschieben oder die Angst vor Sex dem Religionslehrer, nirgendwo gibt es einen automatischen Ursache-Wirkungs-Zusammenhang. Die einen haben dem Regionslehrer geglaubt, die anderen nicht, also gibt und gab es immer die Möglichkeit einer Wahl.

Dies ist nicht zu leugnen, sonst müssten alle Menschen mehr oder weniger dieselbe Wirkung erfahren, wie ja auch alle nass werden, wenn es regnet und wir im Regen stehen. Also habe ich bei den mir, von wo auch immer, angebotenen Überzeugungen stets bewusst oder meist unbewusst entschieden, die jeweilige Überzeugung anzunehmen oder auch nicht, der Aussage zu glauben oder auch nicht. Selbst wenn ich nun behaupte, ich sei eben leichtgläubig oder unter Einfluss von Alkohol gewesen, noch zu jung, als ich dies übernommen habe, so schützt dies nicht vor den Folgen. Entscheidungen kommen übrigens nicht aus meinem Verstand, sondern ausschließlich aus meinem Willen, und der ist immer da. Wir können gar nicht „nicht entscheiden", wir sind also, wie schon gesagt, „verdammt zur Entscheidung". Aber dies ist auch eine gute Nachricht, denn jetzt können wir auch entscheiden, es wieder zu ändern, wenn wir die Folgen nicht mehr wollen.

Keine Schuld – nur Konsequenzen

Manche verwechseln nun diese Verantwortlichkeit mit Schuld. Wir reden aber hier ausdrücklich nicht von irgendeiner Schuld, nicht einmal von Fehlern, sondern von einer Wahl und der dazugehörigen Verantwortung. Denn es ist das göttliche Recht der Freiheit eines jeden bewussten Wesens, jede beliebige Überzeugung oder jeden Glauben anzunehmen, und niemand darf dies werten oder verurteilen. Jeder darf seine Überzeugung und seine Angst haben und behalten, wenn er das will. Die meisten nehmen aber Ängste an, die sie gar nicht wollen. Man muss sich nur klarmachen, dass jede Überzeugung im Geiste direkte Folgen auf Körper und Seele hat und sich gemäß ihrem Inhalt auf den Menschen auswirkt, kurz gefasst in dem Satz: Dir geschieht (immer) nach deinem Glauben. Wenn wir uns also viele angstvolle Glaubenssätze herunterladen, beispielsweise negative Glaubenssätze über unsere Gesundheit, unseren Glauben über die Bedrohlichkeit bestimmter Krankheiten, uns düsteren Visionen zuwenden, *oder auch nur zulassen,* entsprechend manipuliert zu werden, oder selbst solche vermeintlichen Konsequenzen ausdenken, so sind wir der Schöpfer dieses Glaubens und uns geschieht entsprechend. Das ist keine Schuld, sondern eine Konsequenz. Mit den Überzeugungen kaufen wir auch die entsprechenden Erfahrungen ein. Vielleicht nicht sofort, sondern die Überzeugungen schlummern in uns bis zu dem Zeitpunkt, da sie von einem Auslöser aktualisiert werden und dann die Wirkungen, wie ein bestimmtes Angstgefühl, auslösen.

Die meisten sind sich natürlich nicht darüber bewusst, sie denken zum Zeitpunkt der Annahme solcher Glaubenssätze einfach nicht darüber nach, übernehmen einfach die plausibel erscheinende Überzeugung und damit die Angst ihres Alpha-Tiers, des Politikers, des Vorgesetzten, des Lehrers, des Partners, oder sie übernehmen aus Bequemlichkeit einfach das Denken der Masse, hier vor allem aus Angst vor gesellschaftlicher Ächtung. Dies ist eben die Lernaufgabe, sich davon zu befreien und ein *freies*, mündiges, verantwortungsvolles und *selbstbestimmtes* Wesen zu werden. Das Übernehmen von Glaubenssätzen kann also sehr viele Ursachen haben. ABER: Aus welchem Grunde auch immer wir diese übernehmen, wir haben es *in jedem Falle so entschieden, und jetzt müssen wir zu dieser Entscheidung stehen und ihre Konsequenzen tragen.* Nicht mehr und nicht weniger. Wir dürfen und brauchen uns deshalb nicht zu verurteilen oder gar zu bestrafen, sondern müssen dies einfach einsehen und neu entscheiden und wieder alle Glaubenssätze auflösen, die uns Angst machen oder schaden.

Der tückische Mechanismus der Angst – ein Teufelskreis

Hier folgt natürlich die berechtigte Frage: Wenn ich erstens diesen Glaubenssatz finde, der die Angst begründet (und das ist ja leicht, es ist einfach die Aussage der Angst), und zweitens weiß, dass ich es selbst so entschieden haben muss, ihn anzunehmen und zu glauben, warum kann ich diesen Glaubenssatz dann nicht einfach mit einer neuen Entscheidung wieder löschen? Antwort: Prinzipiell ist dies zwar möglich, dass ich z.b. radikal entscheide, die Schlange ist nur ein Seil, solange ich dies noch nicht fest geglaubt oder kreative Energie hineingegeben habe. Also dies geht sicher noch recht leicht, wenn ich den Glaubenssatz noch nicht akzeptiert oder noch nicht als wahr angenommen habe. Hat sich der Glaube aber schon in mir gefestigt und habe ich dementsprechende Erfahrungen gemacht und erlebt, so kann ich dies nicht einfach mehr mit einer neuen Entscheidung vollbringen, denn ich würde aufgrund des schon installierten Glaubens nicht an die neue Entscheidung glauben und es daher auch nicht fühlen und annehmen können.

Denn ab dem Zeitpunkt, wo ich eine Überzeugung glaube und für wahr halte, beginnt ein wahrer Teufelskreis, da sie sich über unsere Erfahrung den Beweis ihrer Existen selbst erschafft.

Wie wir alle aus NLP oder der modernen psychologischen Forschung wissen, verändert die neue Überzeugung sogleich meine Wahrnehmung, die verzerrt oder sogar selektiv wird. Ferner beginne ich diese neue Überzeugung sofort und automatisch auf bestimmte Objekte, Menschen oder Situationen zu projizieren, von denen mir die Überzeugung eben sagt, dass sie bedrohlich wären. Ich fülle also die Überzeugung mit Empfindung, mit Gefühl und lade sie emotional auf, schlimmer noch, ich werde (wegen der vermeintlichen Bedrohung) immer mehr darauf fokussiert und schließlich fixiert. Da ich nun die darauf eingehenden Wahrnehmungen nur noch durch den Filter dieser Überzeugung sehe, werden sie nun immer mehr getrübt. Ich nehme nur noch *selektiv* wahr, was ich glaube und glauben will, und blende unbewusst alle dagegen sprechenden Wahrnehmungen aus. Selbst wenn ich faktisch das Gegenteil wahrnehme, wird durch meine

Überzeugung das Ergebnis verzerrt bis hin zum unbewussten Verdrehen und Ausblenden aller gegenteiligen Wahrnehmungen. Dieser Mechanismus, der für alle geglaubten Überzeugungen gilt und nicht nur für die ängstlichen, wurde im NLP sehr gut erforscht, und ich muss daher hier nicht weiter darauf eingehen.

Doch weiß auch unser Erfahrungswissen, dass Menschen immer eher das wahrnehmen, was sie glauben wollen, und das dem Glauben Entgegenstehende meist nicht einmal sehen, und dadurch verstärkt sich wiederum ihr (Irr)glaube. *Wenn ich also glaube,* dass die Wirtschaftslage sehr schlecht ist oder dass wir wieder von einem bestimmten Volk bedroht werden, *so interpretiere ich alle weiteren Wahrnehmungen in dieser Richtung,* finde immer neue Hinweise und Beweise (eben weil ich darauf fokussiert bin), und dadurch erscheint es mir tatsächlich auch immer wahrer zu sein. Und *hier schließt sich der Teufelskreis*: Da es immer wahrer für mich erscheint, glaube ich natürlich erst recht und immer mehr daran, und ich sehe ja immer mehr Beweise und Beispiele dafür. Und je mehr ich glaube, umso stärker wird wiederum dieser Mechanismus eben die Dinge anziehen, die ich glaube. Bis ich einst, wenn ich es nicht vorher willentlich durchbreche, total und fanatisch davon überzeugt bin und überhaupt nicht verstehen kann, warum vielleicht andere dies nicht so sehen (Beispiel: warum sie ihre Kinder nicht impfen lassen). Es ist doch Fakt, dass….

Angstauflösung braucht also mehr als Entscheidung

Daher sind die Ängste, obwohl sie „nur" aus Gedanken bestehen, die wir erschaffen oder angenommen haben, also eigentlich leicht zu lösen, in der Realität dann doch so schwierig aufzulösen. Der Wahn eines Wahnsinnigen besteht ebenfalls „nur" aus Gedanken, aber das weiß und erkennt er nicht. Derjenige, der eine Angst hat, glaubt eben nicht daran oder weiß nichts davon, dass sie nur Gedanken sind, sondern nach der alten Weisheit „energy follows thought" – Energie folgt den Gedanken – hat er sie mit Gefühl angefüllt, hat sie bereits nach außen projiziert und über eine mehr oder weniger lange Zeit *auch im Außen so erfahren,* hat dort per Resonanzgesetz Bestätigung gefunden und schenkt ihr so wiederum immer mehr Glauben. *Also ist es für ihn nicht mehr nur ein Gedanke, sondern eine tiefsitzende Erfahrung,* die nun in der Seele eingebrannt oder verankert ist. Selbst wenn jemand intellektuell erkennt, dass eine Angst nur ein Gedankenmuster ist, so nutzt es ihm herzlich wenig, wenn sein ganzes Körper- und Energiesystem dennoch Angst hat und sie konkret fühlt.

Fazit: Angst kann man nicht wegdiskutieren, nicht einfach nur wegentscheiden.

Denn über den anfänglichen Glauben daran habe ich dies immer mehr auch wirklich wahrgenommen und erlebt, immer mehr gefühlt, demnach das Objekt, die Situation oder die Menschen immer mehr danach interpretiert, und jetzt weiß nicht nur der Kopf, sondern es fühlt auch der Bauch und mein Innerstes, dass „sie" dort draußen wirklich bedrohlich sind. Und ganz automatisch reagiert mein System darauf, aus dem autonomen Bereich, ohne dass ich es jetzt noch durch neue Entscheidungen beeinflussen könnte. Durch diesen Mechanismus– und dies ist überhaupt der uns von Natur aus ureigene schöpferische Mechanismus, mit dem wir auch sonst Realität erschaffen (Gedanken sind Kräfte) und manifestieren können –, ist die vielleicht völlig irrationale Überzeugung zu einer für uns bedrohlichen Manifestation geworden. Sie ist so für den Angsthabenden völlig real geworden.

Daher werden und können wir auch nicht versuchen, die Angst dadurch aufzulösen, dass wir – vielleicht in 50-stündiger Gesprächstherapie – uns nun klarmachen, dass dies bloß ein Gedanke ist. Das ist eine schöne Erkenntnis, die uns sicher hilft, aber genauso wenig sinnvoll ist wie der Rat an den Wütenden, dass er doch keine Wut zu haben brauche und es doch bitte sein lassen soll. *Wenn die Angst erst einmal da ist, ist sie für den, der Angst hat, eine Realität,* und sie muss wie jede andere Überzeugung über die Realität ernst genommen und entsprechend gehandhabt werden. Denn *die Welt ist so, wie wir glauben, dass sie ist,* und genauso erfahren wir sie dann. Wir müssen die Angst also, statt sie, wie es so oft geschieht, zu verdrängen oder zu fliehen, zuerst wieder als derzeitige Realität annehmen und auch wieder fühlen und erleben, bevor wir wieder Herr über sie werden und sie als Schöpfer verändern können.

Tun wir dies nicht, können wir zwar wissen, dass die Angst doch bloß ein Gedanke ist, so wie einige ganz Vergeistigte uns einreden, die Welt sei doch bloß ein Traum (was sie übrigens auch ist), und doch können wir *in ihr* real vom Bus überfahren werden. Denn der Traum ist derzeit unsere fest geglaubte Realität, unsere kollektive Psychose. Wenn wir also hier so eindringlich festgestellt haben, das Ängste bloße Überzeugungen sind, so geschah dies nicht um ihre Realität oder ihre Wirkung für den Angsthabenden abzuwerten, sondern um erstens klarzumachen, dass sie sich in unserem Bewusstsein befinden und nicht außerhalb und deshalb hier, und nur hier, bearbeitet werden können; zweitens, um zu zeigen, dass sie nichts Materielles sind, sondern geistige Produkte, die sich damit leichter handhaben lassen als etwas Materielles und Äußeres. Kurz gesagt, dass sie im oder durch das Bewusstsein zu managen sind, ohne dass ich im Außen etwas tun muss. Haben wir das begriffen, dann sind sie trotz dieser Einsicht natürlich immer noch da, aber wir können jetzt anfangen, mit ihnen umzugehen wie mit Überzeugungen überhaupt, können sie über entsprechende Bewusstseinsmethoden ändern. Daher also benötigen wir eine Methode, neben der neuen Entscheidung auch die Energieform der Angst aufzulösen.

Warum wählen wir überhaupt für uns negative Überzeugungen?

Es bleibt am Rande noch die spannende Frage zu klären, warum wir überhaupt so gerne angstauslösende Überzeugungen herunterladen, sie annehmen und daran glauben. Was treibt uns dazu? Dies ist zwar für die Praxis müßige Spekulation, denn wichtig ist nur, zu akzeptieren, dass sie da sind, und sie dann zu bearbeiten, aber es ist für den einen oder anderen einfach von philosophischem Interesse. Ja, warum tun wir das, da wir doch in der Tiefe unseres Herzens uns eine angstfreie Welt und einen freien Geist wünschen? Und wo Angst doch der Gegenspieler von Liebe ist, die wir fast alle wollen. Eigentlich müssten wir schon im Ansatz jede Art von Furcht oder Befürchtung zurückweisen, schon allein der eigenen Gesundheit wegen, aber auch aus religiösen Gründen, denn hier verleugne ich ja, dass Gott oder das Universum für mich sorgt. Ich verstoße damit zugleich gegen das Gebot Jesu, sich nicht zu sorgen. Ich unterstelle dann dem Göttlichen, dass es nicht aufpasst oder sich nicht um uns kümmert und ich besser Angst vor dem gemeinen Leben und bedrohlichen Plan dieses Gottes haben sollte. Und doch haben die meisten religiösen Menschen, die ich kenne, solche Ängste, wo doch das Neue Testament so häufig dazu aufruft: „Fürchtet Euch nicht", wo sogar behauptet wird, dass selbst alle Haare gezählt sind und nichts ohne den Willen Gottes geschieht. *Wie kann man sich da fürchten*, da Gott doch die Liebe ist? Nur, wenn man etwas anderes glaubt, dass es noch etwas anderes als Gott gibt. Und genau dies glaubt das Ego, und hier sind wir auf der richtigen Spur. Christen, die das Ego überwunden haben, beten ähnlich wie Dietrich Bonhoeffer im KZ: „Von guten Mächten wunderbar geborgen, erwarte ich getrost, was kommen mag....usw." Christus sagt denn auch von seinen echten Jüngern, sie hätten den Tod besiegt und die Furcht überwunden. Daran sollten wir die Christen denn auch messen, alles andere ist einfach noch fehlendes Vertrauen in Gott bzw. fehlender Glaube an die Allmacht der Liebe (Gott *ist* die Liebe, laut Johannes-evangelium). Auf der Festplatte eines Christen dürfte also Angst gar nicht mehr vorhanden sein. Und wenn sie schon da ist, müsste er sich bemühen, sie aufzulösen und Christus nachzufolgen.

Aber lassen wir die Religiösen einmal beiseite und fragen den ganz einfachen Menschen: Warum wählst du angstbesetzte Filme und Spiele? Was bringt dir die Angst? Warum übernimmst du Überzeugungen, was alles Schlimmes passieren könnte, angefangen von der persönlichen Eifersucht über die Krebs- und Gesundheitssorgen bis hin zur kollektiven Vogelgrippe und den Welt- oder Gelduntergang? Hier gibt es eigentlich für mich nur zwei Möglichkeiten, aber vielleicht finden Sie ja mehr:

- Die Übernahme oder Annahme dieser Überzeugungen geschieht unbewusst. Ich denke nicht darüber nach, wähle nicht bewusst, sondern folge einfach der Masse, dem Vorgesetzten, dem Partner, den Eltern, der Presse, der Bild-Zeitung, dem Fernsehen, habe einst entschieden, jene für mich entscheiden zu lassen.

- Oder ich wähle bewusst, mir Sorgen zu machen, Krebs zu fürchten, um mich, wie ich glaube, davor zu schützen. Ich glaube, wenn ich mich damit beschäftige, was alles Schlimmes passieren könnte, dann bin ich besser vorbereitet, kann Vor-Sorge treffen, kann mich vorbereiten, bin besser davor geschützt.

Es ist wirklich witzig und ein echter Gag des Lebens, dass eben der, der sich so schützen will, nachher genau die Folgen anzieht, die er eigentlich vermeiden wollte. Wir tun dies, weil irgendetwas in uns sagt, dass wir durch Angst und Sorge besser geschützt seien vor der Unbill des Lebens. Diese Stimme nennen wir das Ego, die Vorstellung, was wir zu sein glauben. Dies setzt natürlich voraus, dass wir – anders als die Kinder – kein Urvertrauen mehr ins Leben oder in die kosmische Liebe haben. Und je weniger Vertrauen, umso mehr muss ich mich selbst darum kümmern, mache mir also Sorgen, übernehme die rationalen Argumente anderer Sorgenmacher, übernehme die schrecklichen Vorstellungen der Boulevard-Presse, was alles passieren könnte, und glaube schließlich daran, denn die folgende Erfahrung beweist es mir ja immer wieder.

Im einen Fall lebe ich noch aus und in tiefer Unbewusstheit, und das Leben gibt mir dann die Ängste als Folgen, um mir zu zeigen, sorgsamer und vor allem selbstbestimmt mit dem Garten meines Bewusstseins umzugehen und nicht mehr Disteln wachsen zu lassen, wenn ich Rosen ernten will. Ich muss also nur bewusst werden, dass ich gesät habe und selbst säen kann und dann die Disteln (Ängste) wieder entfernen.

Im anderen Fall zeigt es mir, dass ich mich – anders als die Kinder – vom Vertrauen ins Leben abgewandt und dem Ego zugewandt habe, wie auch der „Kurs in Wundern" postuliert, dass es nur die zwei Möglichkeiten gibt, dem Ego oder der Liebe zu folgen. Das Ego definiere ich als das Schein-Selbst, das wir glauben zu sein, nachdem wir eine „Persönlichkeit" entwickelt haben. Je mehr wir uns mit dieser Persönlichkeit identifizieren und aus ihr heraus handeln, desto mehr müssen wir uns selbst um uns kümmern, müssen vorsorgen, fürsorgen, nachsorgen, ständig aufpassen, dass wir uns schützen, da uns ja sonst niemand schützt. Es ist die Hoch-Zeit der Versicherungen, die dann von diesen Ängsten leben. Das Ego hat nun zahlreiche Ideen, wie es sich schützen kann, und braucht daher viel Information und Spekulation, was alles passieren könnte und wie man es verhindern könnte. Es muss also negative Überzeugungen aufnehmen und kommt dann, wie gezeigt, in diesen Teufelskreis, der mit realer Angst endet. Deshalb also wählen wir angstvolle Überzeugungen.

Die Lektion daraus

Hier muss ich wieder lernen, dass das Ego ein schlechter Ratgeber ist. Wie will es denn all die Trillionen Bit an Information verarbeiten, die es bräuchte, um wirklich zu wissen, was geschehen wird. Dies kann nicht einmal der Großrechner für den Wetterbericht. Es wird nie das Ganze begreifen können, und so – obwohl wir sicher manches Unheil durch eben diese Resonanz der Ängste auch wahr werden lassen – sind die meisten Sorgen und Ängste sowieso überflüssig, wie George B. Shaw einmal am Ende seines Lebens gesagt haben soll: „Die meisten Sorgen, die ich mir machte, sind nie eingetroffen." Daher müssen wir neu entscheiden, ob wir in Zukunft weiterhin diesem Ego-Mind folgen wollen oder lieber wieder dem göttlichen Plan, und damit der Liebe vertrauen und positiv denken wollen, wie etwa der zitierte Bonhoeffer. Um aber wieder der Liebe und dem Leben zu vertrauen, um uns auch grundsätzlich dafür entscheiden zu können, um immun gegen die Stimme des Egos zu werden, müssen wir die bisherigen Ängste auflösen. Denn wie sollen wir sonst vertrauen können, dass die Liebe oder Gott uns nicht im Stich lässt, sondern hier und jetzt für uns sorgt. Ist dies getan, sind die Ängste in uns aufgelöst und das Vertrauen wieder hergestellt, brauchen wir uns nicht mehr zu sorgen und können wieder leben wie die Kinder oder sorgenfrei wie die Vögel des Himmels. Dann haben wir die Lektion dauerhaft gelernt.

Schöpfer sein heißt Verantwortung übernehmen.

Wir haben also entweder aus Unwissenheit oder aus Ego-Mind heraus diese Ängste in uns installiert, und sie werden bei passender Gelegenheit ausgelöst und aktiviert werden oder sind es bereits. Um sie nun wieder auflösen zu können, müssen wir daher vermeiden, in einen Schuld-Trip zu verfallen (auch ein Egoplan) oder sich wegen der alten Programme selbst anzuklagen oder zu schämen, sondern einfach wieder Verantwortung übernehmen für das, was wir einst entschieden haben zu glauben, und klar einsehen, dass wir es entweder erfunden oder von anderen übernommen haben, aber es in jedem Fall so gewollt haben. Ist diese Einsicht grundsätzlich da, *dann akzeptieren wir damit auch wieder die Macht unseres Geistes*, der dies erschaffen oder gewählt hat, wie zugleich die Macht unserer Gedanken, die diese Ängste daraus entstehen ließen. Man könnte auch sagen, wir akzeptieren wieder, jener machtvolle Schöpfer zu sein, auch wenn das Produkt „Angst" vielleicht eine ungünstige Schöpfung war. Dieses Übernehmen der Verantwortung ist zwar für sich genommen noch keine Lösung, aber die unabdingbare Voraussetzung für eine Lösung, auch nach unserer Methode. Denn nur, wenn wir etwas erschaffen können, dann können wir es auch wieder ent-schaffen oder umgestalten. Erkenne ich erst einmal mein Schöpfersein dieser oder jener Überzeugung, so habe ich damit zugleich wieder die Macht, sie zu löschen, und wieder die Wahl, etwas anderes und für mich Besseres zu wählen.

Leugne ich hingegen weiterhin die Verantwortung für meine Ängste, so werde ich deren Opfer sein. Dies genauso, wie jeder Mensch das Opfer seiner Überzeugungen ist und sie für die Realität hält, solange er nicht erkennt, dass er sie selbst gewählt hat und sie daher auch wieder ändern kann. *Der große Nachteil des Opfers ist aber, dass es keine Macht mehr hat.* Es leugnet die Macht über seine eigenen Gedanken, und daher bleibt ihm nur übrig, sich darüber zu beklagen, oder gar zu versuchen, Mitleid zu erregen und darüber andere auszubeuten, oder die Ängste und deren Folgen zu verdrängen, sich zu betäuben, ob nun durch Arbeit oder Drogen oder andere Kompensationen unserer Zeit. Dieser Versuch, so auf Dauer die Ängste handhaben zu können, ist aber, wie schon dargelegt, auf Dauer völlig aussichtslos, da die jeweiligen Überzeugungen oder Ängste dadurch nicht weggehen, nicht einmal gleich bleiben, sondern über den gezeigten Mechanismus immer schlimmer und stärker werden. Böses *muss* immer Böses gebären, und ebenso gilt: Angst *muss* immer noch mehr Angst gebären. Es ist ein Muss, keine Wahl, bis eines Tages der Punkt erreicht ist, an dem die Ängste so bedrohlich oder schrecklich werden, dass man sich dann doch damit auseinandersetzen muss. Somit ist neben seiner Machtlosigkeit ein weiterer Nachteil des Opfers auch die Aussichtslosigkeit für die Zukunft, es je ändern zu können. Doch eines Tages, und sei er noch so fern, muss sich jeder Angsthabende damit auseinandersetzen, das ist so sicher wie das Amen in der Kirche, da mentale Produkte nicht einfach so verschwinden.

So ist es nicht nur unproduktiv und schädlich, sondern letztlich völlig sinnlos, sich dagegen zu wehren oder wehren zu wollen. Da man früher oder später doch die Verantwortung für seine Gedanken bzw. den Zustand seines Bewusstseins übernehmen muss, so kann man es am besten auch jetzt gleich machen und somit zugleich weitere Steigerungen und eine Eskalation vermeiden. Denn, wie ein schöner Ausspruch betont, den man schon im Kindergarten gelernt haben sollte: „Wer nicht hören will, *muss* fühlen." Die Betonung liegt dabei auf muss, nicht kann oder sollte. Und so müssen wir dies auch wieder lernen, erkennen und jetzt bewusst *annehmen, dass wir die Schöpfer unserer erlebten Realität sind* und dass wir und *nur wir* die Verantwortung dafür tragen, sodass wir nun als verantwortliche Schöpfer neu entscheiden oder als verantwortliche Programmierer unseren Computer wieder neu durchscannen, untersuchen und die negativen, angstschaffenden Programme, die uns nicht dienen, wieder entdecken und löschen können.

Nur der Schöpfer, der eine bestimmte Angst erschaffen hat, kann sie auch wieder auflösen.

Diese Erkenntnis und vor allem die Praxis dazu wurden übrigens in vielen Mysterienschulen gelehrt, heute auch in öffentlich leicht zugänglichen Verfahren wie der Avatar-Methode (kann beim Autor erlernt werden, siehe www.avataribiza.de), bei denen man lernt, Überzeugungen jeder Art leicht und schnell aufzulösen. Ein einfaches und bekanntes Beispiel können wir dem tibetischen Buddhismus entnehmen, zumal jene Übung des bewussten Erschaffens und Auflösens innerer Bilder den Inhalten unserer Methode recht nahekommt.

Hier lernen fortgeschrittene Mönche innere Bilder, dreidimensionale Mandalas und vor allem die sogenannten „zornvollen Gottheiten" *bewusst* mental zu erzeugen, mit allen Farben, Formen und Details, und ihnen dann so lange Energie und Aufmerksamkeit (Glauben) zu geben, bis sie real und wirklich geworden sind und von ihnen sogar im Außen real gesehen werden können. Dies ist derselbe Mechanismus, mit dem wir *unbewusst* unsere Ängste erschaffen, auch sie sind sozusagen „zornvolle Wesenheiten" in unserem Geiste, die wir entweder erzeugt oder aber übernommen und dann so lange mit Glauben und Energie aufgeladen haben, bis sie real wurden und wir uns dann mit ihnen in unserer persönlichen Welt oder Realität herumschlagen mussten. Doch jene Mönche lernen eben nicht nur, wie man solche Gedankengebilde bewusst innerlich erschafft und wie man sie dann über die eigene Schöpfer- oder Geisteskraft gezielt in die Realität bringen kann, sondern sie lernen auch, sie wieder bewusst aufzulösen. Genauso wie sie das mit viel Arbeit erstellte Mandala kurz nach Fertigstellung wieder völlig zerstören und auflösen. Sie löschen so bewusst auch die von ihnen erzeugten Wesenheiten in ihrem Geiste und erfahren so ihre Macht. Dadurch haben sie nun Macht über jede Manifestation. Da sie sich als Schöpfer dieser Wesenheiten auch praktisch erlebt und erfahren haben, sind sie jetzt *ermächtigt*, auch alle anderen Produktionen des Bewusstseins zu handhaben, vor allem aber dauerhaft zu erkennen, dass deren Ursprung stets im eigenen Geiste liegt.

Leider haben bei uns bislang nur wenige dieses Auflösen gelernt, und so manifestieren wir derzeit wie die Zauberlehrlinge ständig Kreationen, die dann uns beherrschen und vor denen wir dann glauben uns schützen zu müssen. Die meisten von uns müssen daher mit ihren selbst erschaffenen Ängsten leben. Wir müssen nun allerdings nicht nach Tibet pilgern, um zu lernen, unsere „zornvollen Wesenheiten", die wir Ängste nennen, aufzulösen. Auch in unseren Breiten und vor allem in den letzten 30 Jahren entstanden viele Verfahren, mit Gedankenmustern schnell und sicher umzugehen. Neben der schon genannten Avatarmethode aus den USA sind dies beispielsweise die von mir entwickelten „Dynamischen Heilmethoden" (siehe dazu www.dynamische-aufstellungen.de). Das hier vorgestellte Verfahren der 10 Schritte funktioniert aber anders und ist eher an jene erwähnte tibetische Übung mit Visualisationen angelehnt, es arbeitet vor allem mit inneren Bildern und geht über bestimmte Vorstufen wieder dahin, die Kreation als Kreation des eigenen Bewusstseins zu erkennen und sich wieder als Schöpfer zu sehen und zu ermächtigen.

Darüber hinaus werden wir bei jeder Angstauflösung – je nach Stärke – einen mehr oder weniger großen Fortschritt im Bewusstsein erleben, der sich dadurch zeigt, dass wir bei Auflösung jeder Angst uns freier und leichter fühlen können und uns zugleich der Liebe immer weiter nähern. Denn wo keine Angst mehr ist, da ist Liebe, es gibt nichts dazwischen.

Wozu dienen Ängste? – Die Hüter der Schwelle

Wir werden hier kurz erläutern, dass Ängste *nicht nur* negative Funktion haben, sondern dass sie uns auch einiges über das Leben lehren können, es durchaus sinnvolle Ängste gibt, wie die schon installierten biologischen Ängste, und sie vor allem auch wichtige Geschenke verbergen.

Nicht alle Ängste sind von Übel.

Ebenso, wie es hilfreiche und weniger hilfreiche Glaubenssätze gibt, so sind nun auch nicht alle Ängste bloß hinderlich oder schädlich. So gibt es durchaus auch sinnvolle Ängste, so wie wir auf unserem Rechner ja auch sinnvolle Firewalls oder andere Schutzprogramme bewusst laufen lassen. Daher sollten nicht alle Ängste bearbeitet, aufgelöst oder transformiert werden, vor allem nicht jene, die wir von Natur aus mitbekommen haben, um den Körper zu schützen. Diese von mir so genannten „biologischen" Ängste schützen uns vor konkreten Gefahren und lassen uns bei äußerer Bedrohung automatisch und schnell reagieren. *Diese Art von Ängsten zeichnen sich dadurch aus, dass sie einfach den Körper schützen und nur auftreten, wenn der konkrete Auslöser auch wirklich in der Gegenwart, im Hier und Jetzt, da ist, und sonst nicht.* Sie sind auch bei Kindern meist schon vorhanden und gehören sozusagen zum Betriebssystem eines Körpers. Und wenn wir wieder werden sollen wie die Kinder, so kann man ruhig diese biologischen Ängste in sich lassen, muss es aber nicht. Man kann mit der vorliegenden Methode selbst solche Ängste auflösen, aber es erscheint mir nicht sinnvoll, diesen natürlichen Alarm abzuschalten.

Denn diese biologischen Ängste haben wir mit den höheren Tieren (Säugetieren) gemeinsam, wie auch die meisten Gene und einen ähnlichen physischen Körper. Dieser hat durch sie nun ein automatisches Schutzsystem,

und dies ist durchaus sinnvoll und zweckmäßig. Im Unterschied zu den anderen Ängsten zeichnen sich jene dadurch aus, dass sie
- nur *vor einer konkreten, aktuellen Gefahr warnen* und nicht vor einer fiktiven, ausgedachten, vorgestellten oder eingeredeten (indoktrinierten),
- *sich immer in der Gegenwart abspielen, im Hier und Jetzt,* und nicht die Zukunft betreffen, d.h., das Gefahrenobjekt ist jetzt hier und nicht in einer vorgestellten Vergangenheit oder Zukunft,
- *nur den eigenen Körper schützen* und dessen Funktionen, die das Überleben sichern.

Biologische Ängste und eine Geschichte dazu

Anders als andere Ängste haben wir die biologischen von Geburt an, sie funktionieren instinktiv und werden auch meist nicht erworben, sondern sind bereits bei Lieferung in der Software unseres Betriebssystems eingebaut. Diese von ihnen geleistete automatische Überwachung können wir kaum oder erst im fortgeschrittenen spirituellen Bewusstsein ersetzen (durch Intuition und inneres Wissen). Da wir nun nicht ständig selbst den Körper überwachen und kontrollieren können, so ist es durchaus sinnvoll, dass er diese von Natur aus eingebauten, automatischen Alarmsysteme besitzt und auch behält, um schnell zu reagieren, wenn plötzlich aktuelle Gefahren eintreten. Ich empfehle also, die hier vorgestellte Methode zur Auflösung von Ängsten nicht dazu zu benutzen, diese doch sinnvollen (die Natur hat immer recht) biologischen Ängste aufzulösen, obwohl dies sehr wohl möglich wäre, da sie ebenfalls aus nichts anderem bestehen als die anderen Ängste auch. Es sind bloße Gedankenformen und daher auflösbar.

Um dies zu illustrieren und zu belegen, eine kleine Geschichte, die wirklich passiert ist: In den Anfängen, als wir diese Methode unseren Teilnehmern der dynamischen Ausbildung vorgestellt, aber zugleich noch damit experimentiert haben, fuhr mein Freund und Schüler Konrad, ein gestandener Mann um die 50, zu Freunden nach Bayern. Von jenen habe ich die Geschichte auch erzählt und bestätigt bekommen, und sie wird bis heute noch mit Humor erzählt. Die Verwandten wollten nun Ski fahren und überredeten ihn, mitzukommen, obwohl Konrad kein guter Skifahrer war, um es gelinde auszudrücken. Doch er wollte sich auch nicht ausgrenzen und ging mit ihnen auf die Piste. Konrad erwartete eigentlich von den lieben Verwandten, dass sie ihn zu einer einfachen und leichten Piste brächten, zu einer Abfahrt, die er auch als Anfänger leicht hinunterfahren könnte. Die bayrischen Freunde wollten dem Verwandten aus dem Norden einen kleinen Streich spielen und fuhren mit ihm in Skiausrüstung im Lift auf einen hohen Berg. Schon als sie nach oben fuhren, war die Überraschung für Konrad groß. Die Piste war keineswegs eine einfache Abfahrt für Anfänger, weit gefehlt, sondern entpuppte sich als eine mehr oder weniger steile und anspruchsvolle Abfahrt für Profis. Das war ja eben der Streich, und die Verwandten und Freunde erwarteten natürlich, dass er viel zu viel Angst hätte, hier hinunterzufahren. So fuhren sie, oben angekommen, einfach los und ließen ihn – ihm schelmisch noch zuwinkend – oben stehen. Natürlich erwarteten sie schon mit Spott und Hohn, dass er unverrichteter Dinge wieder mit der Seilbahn nach unten zur Talstation kommen würde und sie ihre Scherze machen könnten.

Doch weit gefehlt, Konrad wollte sich diese Blamage einfach nicht geben und erinnerte sich an die Auflösung der Angst in zehn Schritten, also an die hier vorgestellte Methode. Mit dieser löste er noch auf dem Berg in wenigen Minuten diese Angst auf und fuhr dann einfach los, ohne zu bremsen. Wegen der Steilheit des Hangs und auch, weil er ja keine Ahnung hatte, wie man beim Skifahren bremst oder verlangsamt, bekam die Abfahrt eine sehr schnelle Geschwindigkeit, und er brauste also in einem – wie mir mitgeteilt wurde – Affentempo die Piste hinunter, bis er schließlich unten irgendwie zu stehen kam. Für die anderen war es eine absolute Sensation, und sie konnten kaum glauben, was da passierte. Der geplante Streich und der vorbereitete Spott und Hohn verwandelten sich in bewunderndes Staunen, was dieser „Preuße", der Konrad, da *ohne jede Angst* vollbracht hatte, eine wahre „Kamikaze-Abfahrt".

Nun erzähle ich diese Geschichte nicht, um Sie zu ähnlichen Taten anzuspornen, im Gegenteil möchte ich davor warnen. Denn dies hätte leicht auch schiefgehen können, wenn zum Beispiel andere Skifahrer in seinem Weg gestanden oder ihn gekreuzt hätten. Ich will vielmehr damit sagen und belegen, dass man sogar biologische Ängste auflösen kann, aber dies nicht ratsam und nicht sinnvoll ist. Ich würde also diese „natürlichen" oder biologischen Ängste, die obengenannte drei Kriterien erfüllen, so belassen, wie sie sind, zumindest solange sie mich nicht behindern. Wenn ich natürlich als Bauarbeiter plötzlich an einem Hochhausbau mitarbeiten sollte und ich hätte extreme Höhenangst, dann wäre es doch sinnvoller, diese aufzulösen als sie zu behalten. Dies muss jeder im Einzelfall entscheiden. Doch alle anderen Ängste, die nicht das Körpersystem schützen, die nicht vor aktueller Gefahr schützen, vor allem all jene, die sich auf die Vergangenheit oder die vermeintliche Zukunft beziehen, sollten radikal aufgelöst werden. Dann wird sich zeigen, dass Ängste nicht nur Fehlprogramme sind, sondern zugleich Geschenke bereithalten als Wächter und Hüter der Schwelle.

Ängste als Hüter der Schwelle

Nun haben Ängste generell – wie ganzheitlich gesehen alles in der Welt Sinn macht, auch die Fehler und Krankheiten, und letztlich nichts überflüssig ist – auch eine sinnvolle Funktion im Gesamtsystem der Schöpfung. Sie sind sozusagen Prüfungen oder Prüfer im Bewusstsein, sie hüten die Schwelle vom Opfer und vom verlorenen Sohn hin zu Schöpfer und Gottessohn oder Gotteskind. Wenn ich Ängsten ausgeliefert bin und mich als Opfer fühle, bin ich im biblischen Gleichnis nicht mehr der Königssohn, sondern der „Schweinehirte", der sich verdingt hat und sich seiner königlichen Herkunft nicht mehr bewusst ist und dadurch leidet. Erst, wenn ich wieder diesen Prozess willentlich umkehre, wenn ich schließlich diese Ängste überwunden habe, und vor allem die schlimmste von ihnen, die Angst vor Liebe, und wieder nach Hause gehe, wenn ich also alle diese

Prüfungen bestanden und die Ängste besiegt habe, so werde oder bin ich wieder ermächtigt, mein wahres geistiges Erbe anzutreten, Gotteskind zu heißen, auf eine höhere Ebene zu kommen und wieder Mit-Schöpfer der Schöpfung zu sein.

Solange ich aber noch in einem Bereich Opfer bin oder mich so sehe und definiere – und das tun die meisten von uns leider immer noch – so lange stehen diese Ängste wie Prüfer vor mir, die mein Weitergehen in meiner Entwicklung verhindern, und ich sehe dann die Ängste als Hindernisse, als Übel und sicher negativ. Sie sind aber zugleich wie die Engel, die vor das Paradies gestellt wurden, damit wir erst wieder hineinkommen, wenn wir dazu reif sind. Gegen sie kämpfe ich oder leide ich so lange, bis ich eben geistig so weit gereift bin, den notwendigen nächsten Schritt zu tun und die jeweilige Angst im Besonderen und schließlich die Angst an sich für immer zu überwinden. Indem ich sie als Gedanke durchschaue und damit als Illusion und ich mich wieder als den Schöpfer der Gedanken und deren Meister erkenne, kann ich sie verändern und auflösen, wie man einen Trug durchschaut. Man könnte daher auch sagen, all unsere Ängste sind zugleich wie eine Art Prüfungskommission, die uns ständig prüft, ob wir weiter darauf hereinfallen, dass diese Dinge, Menschen und Situationen im Außen uns bedrohen und wir eben Opfer dieser widrigen Umstände sind, oder ob wir erkennen, woher diese Ängste wirklich kommen und sie dann in uns überwinden.

Mit welchem Bild oder auf welche Weise auch immer wir dies erkennen können, zunächst scheint jede Prüfung – so wie schon in der Schule – für uns belastend, anstrengend und klar negativ zu sein. Aber haben wir einmal erkannt, welchen Lehrstoff unsere Ängste enthalten, welche Geschenke sie verbergen und dass sie als Hüter uns wieder den Weg ins Paradies, in ein angstfreies Leben weisen, so können sie auf dem Weg unsere Freunde werden. Zumal sie, neben ihrer grundsätzlichen Funktion als Hüter der Schwelle, auch noch in jedem Einzelfall eine konkrete Belohnung, ein ganz spezielles Geschenk für uns enthalten, das uns geistig weiterbringt. (Näheres in den Beispielen am Schluss des Buches). Dies ist nicht etwa symbolisch oder allgemein gemeint, sondern es bedeutet ganz konkret, *dass jede Angst, die von Ihnen aufgelöst wird, eine neue Datei in Ihrem Bewusstsein öffnet,* die immer etwas Positives enthält, sei es ein Talent, eine Begabung, ein Hilfsmittel, eine Belohnung. Und diese Belohnung ist meistens genau das Gegenteil oder das Gegenstück zur jeweiligen Angst. Auch hier entpuppt sich die zunächst so schlimme Angst doch wieder als ein Segen, nämlich als dieses zur jeweiligen Angst dazugehörige Geschenk im Unbewussten.

Diese Entdeckung, dass Ängste jedesmal ein Geschenk verbergen, stammt übrigens nicht von mir, sondern von meinem Lehrer und Freund, dem bedeutenden und spirituellen Psychologen und Visionär Dr. Chuck Spezzano, der viele mystische Übungen und zugleich nützliche Lebenspraxis in die heutige Psychologie eingeführt hat, warum sie zu Recht auch „Psychologie der Vision" genannt wird. Bis zu diesem Zeitpunkt hatte ich die Angstauflösung immer nur so weit geführt, bis die Angst völlig weg war, ohne zu ahnen, dass es dahinter noch etwas Weiteres gibt. Dieser Lehrer hat uns aber gezeigt und immer auch empirisch demonstriert, dass das Leben oder der Himmel, wie er es nennt, uns stets belohnt, selbst die kleinen Schritte, wenn wir uns wieder im Sinne der Schöpfung und der Liebe weiter entwickeln.

Dann fiel mir auf, dass es in unserer Kultur eine Sage gibt, die erstaunlicher Weise genau diesen Prozess beschreibt. Es ist die Geschichte des Helden Siegfried aus der Nibelungensage. Zunächst muss er sich seiner Angst stellen, gegen den Drachen ziehen, der übermächtig scheint und dem gegenüber sich die meisten anderen als Opfer fühlen. Aber er folgt nicht dieser Opferhaltung oder solchen Gefühlen, sondern er entscheidet trotz aller Angst und der von ihr gemachten Drohungen (Überzeugungen), gegen diesen Drachen zu ziehen, fest und absolut entschlossen. Dazu wählt er Waffen aus, wie wir es dann auch tun werden, dann findet er ihn, fokussiert ihn also und geht ihm näher und näher. Als er ihn findet, reicht es nicht aus, äußere Teile zu beschädigen, er muss sein Herz, sein Innerstes treffen, was er dann auch tut. Als der Drache nicht nur verwundet ist, sondern wirklich stirbt und sich auflöst, geht von diesem Drachen ein großes Geschenk aus, nämlich das Blut des Drachen, also dessen Essenz, macht

Siegfried unverwundbar. Er muss dieses Geschenk der Unverwundbarkeit dann nur noch annehmen und darin baden, es also integrieren.

Es ist erstaunlich, wie parallel diese uralte Geschichte nach der von uns entdeckten und hier dargelegten Methode der Angstauflösung geht, obwohl ich diesen Zusammenhang erst viel später entdeckt habe. Hier scheint es sich also um eine uralte Weisheit zu handeln. Doch nützt uns dieses Wissen nicht viel, wenn wir es nicht anwenden und es einfach empirisch ausprobieren. Lasst uns also jetzt gegen diese inneren „Drachen" oder, tibetisch gesprochen, gegen die „zornvollen, angstmachenden Gottheiten" ziehen, wie es der Sage nach Siegfried einst erfolgreich getan hat, und die jeweiligen Geschenke einsammeln. Viel Glück dabei.

Teil 2 - PRAXIS:
Die konkrete Auflösung von Ängsten

Die 10 Schritte zur Angstauflösung

Lassen Sie uns also zügig mit dem praktischen Teil beginnen, da wir sowieso langfristig keine Wahl haben als die, unsere erschaffenen Überzeugungen wieder bewusst zu handhaben, die Festplatte unseres Bewusstseins aufzuräumen und Stück für Stück alle negativen, angstmachenden oder uns eine Bedrohung suggerierenden Überzeugungen aufzulösen bzw. zu löschen. *Voraussetzung ist, dass wir uns wieder als den Programmierer oder den Administrator zumindest unseres eigenen Bewusstseins erkennen,* sonst haben wir ja keinen Zugriff darauf. Diese Erkenntnis allein ist aber nicht hinreichend, sondern wir müssen nun als Schöpfer, als den wir uns erkannt haben, auch tätig werden und sie mittels einer erprobten Methode, die den Schöpfungsmechanismus versteht und die auch sicher funktioniert, konkret umsetzen. Dies bedeutet, die Ängste nun im Einzelnen aufzuspüren und entsprechend zu löschen. Zunächst sieht das so aus, als wäre es eine sehr mühevolle Arbeit, denn aus bisherigem Umgang mit Ängsten bzw. Überzeugungen könnten wir zu Recht diesen Eindruck gewonnen haben. Aber es wird sich zeigen, dass wir heute mit dem geeigneten Werkzeug solche Ängste sehr leicht und in wenigen Minuten handhaben können.

Hier nun die konkrete und praktische Anleitung, jede beliebige Angst aufzulösen. Wir haben sie in den letzten zehn Jahren an Tausenden von Teilnehmern und Klienten ausprobiert und erfolgreich erprobt, mit jeder Art von Ängsten, die man sich nur vorstellen kann. Es hat nach bisheriger Erfahrung immer funktioniert, wenn auch manchmal nach mehrmaligem Anlauf. Falls es doch einmal nicht funktionieren sollte, dann wiederholen

Sie bitte die Übung, wobei Sie nachschauen, ob von Ihnen nicht etwas verändert, ausgelassen oder anders gemacht wurde, und versuchen Sie es nochmal ganz genau nach Anleitung. Gerne können Sie auch einen der inzwischen recht zahlreichen Seelenhaus-Berater oder einen Trainer der dynamischen Heilmethoden konsultieren, die Ihnen gern dabei weiterhelfen werden.

Die 10-Schritte-Methode enthält die folgenden Schritte, die nacheinander durchzuführen sind:

- **Fühlen**: die Angst fühlen oder erinnern
- **Lokalisieren**: den Erscheinungsort der Angst im Körper lokalisieren
- **Projizieren**: die Angst in einen mentalen Raum nach außen projizieren
- **Definieren**: die Form der Angst nach 4 Kriterien genau definieren
- **Entscheiden**: als Schöpfer mit Willen sich für die Auflösung entscheiden
- **Wahl der Waffen**: sich imaginativ ausrüsten oder ausrüsten lassen
- **Hineingehen und sich verbinden**: mitten ins Zentrum der Angst gehen
- **Zerstören**: die Angst von innen her imaginativ völlig auflösen
- **Weitergehen**: in ein neues Level gehen, neue Datei im Bewusstsein öffnen
- **Geschenk finden**: darin Geschenk suchen und integrieren

Hier nun die Schritte im Einzelnen:

ÜBUNG: EINE KONKRETE ANGST AUFLÖSEN

Vorbereitung:
Machen Sie die Übung die ersten Male an einem ruhigen Ort, wo Sie nicht gestört werden können. Fühlen Sie Ihren Körper und legen Sie ihn bewusst auf der Unterlage ab. Atmen Sie tief und ruhig, beobachten Sie kurz den Atem, um damit ganz im Hier und Jetzt, ganz präsent zu sein. Nehmen Sie sich nun vor, eine bestimmte Angst aufzulösen. (Damit Sie sich ganz auf die Übung einlassen können, ist es empfehlenswert, sich von einem Partner, Freund oder von der CD durch die 10 Schritte führen zu lassen.)

Schritt 1: Die Angst fühlen

Fühlen Sie nun die Angst, oder erinnern Sie sich daran, wann und wo Sie sie erlebt haben. Akzeptieren Sie die Angst, lassen Sie sie ganz zu, seien Sie ganz neugierig, wie sich diese Angst anfühlt. Nicht darüber nachdenken, sondern sich ganz dem Gefühl hingeben. Oder Sie erinnern sich noch einmal intensiv an die Situation, wo Sie die Angst zuletzt erlebt haben.

Schritt 2: Die Angst im Körper lokalisieren

Versuchen Sie nun festzustellen, wo und wie sich die Angst im Körper manifestiert, wo Sie sie am meisten oder am körperlichsten spüren, wo es sich mulmig oder einengend anfühlt. Zumeist ist es die Gegend bestimmter Chakren, es können auch mehrere Stellen zugleich sein. Erforschen Sie die Angst, was sie in Ihrem Körper macht, ob sie sticht, brennt, würgt, aber vor allem, wo genau sie sich bemerkbar macht.

Schritt 3: Die Angst nach außen projizieren

Sobald Sie die Angst in etwa lokalisiert haben, stellen Sie sich vor, Sie seien so eine Art Filmprojektor und projizierten die jetzt gefühlte Angst mit geschlossenen Augen in einen mentalen, dunklen Raum vor sich. Oder stellen Sie sich einfach mit bewusster Absicht vor, dass die gefühlte Angst jetzt vor Ihrem geistigen Auge erscheint, einfach so.

Schritt 4: Die konkrete Form der Angst definieren

Schauen Sie sich nun diese Angst vor Ihnen genau an und beantworten Sie sich folgende Fragen:
- Welche Farbe hat sie? (jede Erscheinung muss eine Farbe haben)
- Welche Größe hat sie? (ungefähr in cm, Meter, Kilometer, Lichtjahre…)
- Welche Form hat sie? (rund, eckig, stachlig, oval, nebulös….)
- Welche Substanz hat sie? (fest, flüssig, gasförmig, schleimig, metallisch…)

Schauen Sie sich dann die Angst mit allen Attributen konkret an, so kann sie nicht mehr entkommen. Auch wenn Sie später abschweifen sollten, kehren Sie einfach hierher zurück.

Schritt 5: Entscheidung fällen

Fällen Sie nun als Herr Ihres Bewusstseins und im Wissen um Ihre Freiheit und Macht die absolute Entscheidung, diese inzwischen konkrete Angst jetzt und hier völlig aufzulösen, koste es, was es wolle, mit absoluter Entschlossenheit. Nicht nur versuchen Sie, sondern *entscheiden Sie es mit all Ihrer Willenskraft* nach dem Motto: „Du hast mich so lange terrorisiert, jetzt werde ich dich völlig vernichten, denn in meinem Bewusstsein bin ich immer noch der Boss." Lassen Sie keinen Zweifel, keine Unsicherheit aufkommen, sonst entscheiden Sie mehrmals, bis es stimmt und Sie es auch fühlen.

Schritt 6: Sich bewaffnen und ausrüsten

Im Bewusstsein darüber, dass Sie ja der Schöpfer in Ihrem Bewusstsein sind und hier alles imaginativ erschaffen können, gehen Sie (wie im Film Matrix) in Ihre imaginäre, virtuelle Waffenkammer und holen Sie sich mittels kreativer Vorstellung alles, was Sie an Waffen brauchen, um dieses Ding zu besiegen. Gegen Härte Sprengstoff, gegen Schleimiges einen Feuerwerfer, gegen Nebliges einen Staubsauger usw. Lassen Sie hier Ihrer Fantasie freien Lauf und fühlen Sie auch, dass *Sie als Schöpfer* stets nachladen oder etwas Neues ausdenken können (*wie der Zeichner* in den Cartoon-Filmen), das Ding aber nicht. Ein Laserschwert und ausreichend Sprengstoff sind dabei immer zu empfehlen.

Optional können Sie auch Ihre Geistseele, Ihr Höheres Selbst, Ihre Engel oder einfach den Himmel bitten, Sie auszurüsten und Ihnen Waffen, einen Schutz, einen Talisman oder was auch immer mitzugeben, und Sie werden es erhalten. Natürlich müssen Sie dabei an den Himmel glauben, der aber immer am besten weiß, welche Waffen im Moment ideal sind.

Schritt 7: In die Angst hineingehen

Wichtig ist, die Angst nicht von außen besiegen zu wollen, sondern wie Siegfried mitten ins Herz. Statt wie bislang vor der Angst zu fliehen, gehen Sie in Ihrer Vorstellung willentlich direkt darauf zu. Sie verkürzen also den Abstand zu diesem Ding immer mehr, bis Sie davor stehen und dann bewusst hineingehen können. Lassen Sie sich nicht aussperren. Sprengen Sie notfalls einen Eingang oder teleportieren Sie sich hinein, wenn das Ding sich wehrt.

Innen fühlen Sie dann einmal kurz, wie es sich anfühlt, aber nur kurz. Dies nur, um sicher zu gehen, dass Sie auch wirklich innen drin sind. Die Gefühle dort drinnen dürften keine angenehmen sein, höchstens hohl oder leer. Ein paar Dutzend Sekunden reichen dazu.

Schritt 8: Die Angst zerschlagen und auflösen

Machen Sie sich kurz klar, dass dies alles in Ihrem Bewusstsein und sonst nirgends stattfindet, wo Sie (hoffentlich) der Boss sind. Dann zerschlagen Sie mit aller Entschlossenheit eines Schöpfers diese Kreation in Ihrem Geiste in dem Wissen, dass Sie es ja einst erschaffen haben. Und was Sie erschaffen haben, können Sie auch plattmachen. Bitte nicht darüber jammern oder das Opfer spielen. *Haben Sie wirklich Spaß und Freude dabei*, endlich wieder die Herrschaft auszuüben, und zerstören Sie imaginativ dieses Ding, bis wirklich nichts mehr übrig ist. Falls Sie noch zusätzliche Waffen brauchen, können Sie sich diese jederzeit vorstellen und einsetzen. Daher hat das Ding keine Chance.

Hören Sie aber erst auf, wenn alles verschwunden ist. So nehmen Sie beispielsweise die zerstörten Einzelteile und pulverisieren Sie weiter oder nehmen Sie einen Staubsauger, der die Reste einsaugt. Fahren Sie fort, bis wirklich nichts mehr da ist. Absolut nichts!

Schritt 9: Weitergehen auf ein neues Level, eine neue Ebene

Erst dann gehen Sie einfach weiter *nach vorne*, in die Richtung, wo vorher die Angst war, gehen Sie einfach immer weiter, auch wenn es dunkel ist oder Sie sich in einem Tunnel befinden sollten. Auf kurz oder lang kommen Sie an einen Übergang wie eine Tür, ein Tor, durch das Sie dann bitte hindurchgehen, oder Sie kommen gleich in eine neue Landschaft hinein. Dies geht allen Klienten so. Es ist ein neuer und bislang verborgener Level in Ihrem Bewusstsein oder in der Computeranalogie eine versteckte Datei, die Sie nun öffnen können. Ist einmal der Tunnel oder das Dunkel zu lang, springen Sie einfach an dessen Ende.

Wichtig ist nun zu schauen, wie das Wetter ist, im Normalfall schön (das Vorgehen bei schlechtem Wetter siehe weiter unten). Gewöhnen Sie sich an diese neue Bewusstseinsebene, genießen Sie die Stimmung, das angenehme Gefühl, und sollte ein Gewässer auftauchen, dann baden und reinigen Sie sich. Akklimatisieren Sie sich und nehmen Sie diese Ebene wohlwollend an.

Schritt 10: Geschenk abholen und integrieren

Nehmen Sie sich nun vor, Ihre Belohnung abzuholen, die der Geist für den Mutigen bereithält. Ähnlich wie bei Siegfried und wie auch in jedem Märchen wartet hier eine individuelle Gabe, ein Talent oder eine Situation auf Sie, die zumeist das Gegenstück der Angst sind. Denken Sie aber bitte nicht nach, was es sein könnte, sondern gehen Sie jetzt einfach über die Landschaft oder den vor Ihnen liegenden Weg mit der Absicht, das Geschenk zu finden, ohne es aber zu fordern. Halten Sie einfach Ausschau, was sich Ihnen bietet, hören Sie aber nicht auf, bevor Sie etwas gefunden haben.

Das Geschenk ist immer einzigartig und will von Ihnen selbst gefunden werden. Achten Sie auf die innere Stimme und vertrauen Sie hier Ihrem Gefühl, wohin Sie gehen sollen oder was zu tun ist. Es ist doch alles in Ihrem Bewusstsein. Oft findet man ein Symbol, ein wertvolles Ding, auch einen Menschen oder Boten mit einer Botschaft, eine Situation usw. Sie werden fühlen, wenn es da ist. (Doch selbst wenn Sie es einmal nicht finden sollten, die Angst ist hier bereits aufgelöst.)

Haben Sie das Geschenk gefunden, müssen Sie noch seine Funktion herausfinden, wozu es gut ist oder was man damit machen kann. Denken Sie es bitte nicht selber aus oder grübeln Sie nicht darüber nach. Wenn Sie es nicht sogleich fühlen oder intuitiv erkennen, dann fragen Sie das Ding oder das Wesen nach seiner Botschaft. Oder fragen Sie sich selbst: Was kann man damit machen? Lassen Sie zu, dass es Ihnen gezeigt wird.

Erst wenn dies klar ist – und ein oft heftiges Gefühl zeigt, dass man es gefunden hat, denn es ist oft das so ersehnte Gegenstück zur jeweiligen Angst –, dann entscheiden Sie sich bewusst dafür und integrieren Sie es in sich. Sie werden wissen, wo es hingehört. Genießen Sie es, und wenn Sie möchten, können Sie es im Geiste auch mit anderen teilen. Dadurch wird es stärker.

Hinweise zur Fehlerbehebung
(der am häufigsten vorkommenden Fehler)

Die Angst wird nicht klar genug gefühlt oder projiziert.
Grundlage dieses Verfahrens ist es, die Angst zu fühlen und nicht zu denken. Und wer Angst hat, der fühlt sie auch, wenn er es zulässt. Daher ist es wichtig, in dieses Gefühl zu gehen, es einmal (probeweise) zuzulassen, es auch zu entscheiden, dies zu fühlen und sich hineinsinken zu lassen. Oft hilft auch, sich daran zu erinnern und diese Erinnerung zu fühlen. Gelingt es aber nicht allein, dann einen Therapeuten oder Freund hinzuziehen.

Die Angst wird nicht klar genug im mentalen Raum wahrgenommen.
Die Angst muss konkret visualisiert werden, selbst als ein Nebel, aber jedenfalls konkret definiert, das heißt Form, Größe, Farbe, Substanz müssen klar erkannt werden. Sonst kann sie nicht sauber aufgelöst werden. Fragen Sie bei Unklarheit nochmals die 4 Fragen. Wenn es dann noch unklar ist, oder wenn Sie überhaupt Probleme haben, innere Bilder zu sehen, dann

können Sie einfach raten, indem Sie sich intuitiv fragen: Ich sehe es nicht klar, aber *wenn ich wüsste, welche Farbe könnte die Angst haben…, welche Form… welche Größe… könnte sie haben…*, dann einfach raten und das Geratene als Fakt nehmen. Die Form ist ja auch völlig egal, Hauptsache, die Angst wird hier zu einem konkreten Objekt gemacht, mit der ich nun auch konkret umgehen kann.

Sie kommen einfach nicht in die Angst hinein.
Dies ist ein alter Trick des Egos. Entweder es wehrt sich, dass Sie hineinkommen, indem es Ihnen alle möglichen Hindernisse in den Weg legt, oder aber es lässt die Form verschwinden oder klein werden oder sogar fliehen. Fallen Sie nicht darauf herein. ERINNERN SIE SICH: Das Ganze findet in Ihrem Bewusstsein statt, auch die Form der Angst. Entscheiden Sie also, sich einen Eingang zu sprengen, oder teleportieren Sie sich, lassen Sie sich eben als Schöpfer etwas einfallen. Das ist eben der Test, ob Sie kreativ genug sind. Falls die Form aber klein werden oder verschwinden will, dann verhindern Sie es mit Ihrem Willen (es ist ja Ihre Vorstellung). Geht das nicht, dann schrumpfen Sie mit ihr und werden größer, wenn sie größer wird. Bei Flucht bauen Sie eine Sackgasse oder stellen ihr Hindernisse in den Weg.. Erinnern Sie sich immer wieder, es ist Ihr eigener Geist, der Ihnen hier unbewusst einen Streich spielen will. Bei Tageslicht (bewusst) betrachtet hat er keine Chance. Entscheiden Sie einfach, was hier gespielt wird, oder spielen Sie *kreativ* mit und gewinnen Sie. Es gibt, wie die beliebten Zeichentrickserien, wie Bugs Bunny und andere Figuren zeigen, immer einen Weg und für jedes Mittel ein Gegenmittel.

Die Form lässt sich einfach nicht auflösen oder zerstören.
Auch hier gilt das im vorigen Abschnitt Gesagte. Erinnern Sie sich, dass dies in Ihrem eigenen Bewusstsein stattfindet, also ein Teil nicht will, dass es zerstört wird. Sie sind aber der Boss. *Wollen Sie es noch mehr* als jener Teil, und zugleich erschaffen Sie sich immer neue Waffen und Werkzeuge. *Der Wille entscheidet alles*, die Bilder sind nur seine Aktionsform. Und Ihrer Fantasie sind bei rechtem Willen keine Grenzen gesetzt. Es gibt kein

Ding, das nicht durch irgendetwas anderes zerstört werden könnte. Nehmen Sie einfach das Gegenmittel, Sie haben imaginativ keine Begrenzung wie im materiellen Bereich. Sie können das Feuer, den Sprengstoff, den Staubsauger so groß machen, wie Sie nur wollen.

Die Maxime lautet hier: *Kein geschaffenes Ding ist größer oder mächtiger als der Schöpfer,* der es erschaffen hat. Denn er kann ständig Neues erschaffen, das Ding aber nicht, es ist begrenzt, der Schöpfer unbegrenzt. Daher steht der Sieger von vornherein fest. Sie müssen nur durchhalten bei hartnäckigen Kreationen und notfalls auch einmal rabiat werden und eine Atombombe zünden, wie ich es bislang nur bei zwei hartnäckigen Klienten tun musste.

Ist Ihre Willenskraft aber noch schwach oder ungeübt, dann können Sie auch die Hilfe des Himmels anfordern, beispielsweise dass Engel helfen, das Ding aufzulösen, oder er Ihnen weitere Hilfsmittel oder Helfer schickt. Voraussetzung ist aber, dass Sie es selbst erst einmal versuchen: Hilf dir selbst, dann hilft dir Gott. Bitten Sie dann, und es wird Hilfe gegeben.

Das Wetter auf dem neuen Level/Ebene ist schlecht oder dunkel.
In über 95% der Fälle aus der Praxis ist das Wetter dort gut und sonnig, allenfalls gibt es noch ein bisschen Nebel, der aber mit Willenskraft und dem bewussten Aufgehenlassen der Sonne leicht behoben werden kann. In seltenen Fällen kann es aber vorkommen, dass das Wetter des neuen Levels trübe, regnerisch oder dunkel oder insgesamt schlecht ist. Damit zeigt uns das Unterbewusstsein, dass es hier noch etwas Weiteres als diese Angst zu lösen gibt, bevor Sie diese neue Ebene nutzen oder integrieren können. Meist ist es eine alte karmische Schuld oder noch etwas, das Sie mit früheren Personen zu lösen haben. Was machen Sie also, wenn das Wetter schlecht ist? Auf keinen Fall zur Angst zurückkehren.

Vielmehr gehen Sie nun im schlechten Wetter weiter, mit der bewusst gefassten Absicht, die Ursache dafür zu finden. Gehen Sie einfach dem Weg nach oder dem Gefühl, das Sie irgendwo hinzieht. Bald werden Sie etwas finden, das Ihr Interesse weckt oder ungute Gefühle auslöst. Fühlen Sie das, nehmen Sie wahr, was geschieht und was dies Ihnen sagen will.

Eine Geschichte wird sich auftun, wenn Sie immer weiter neugierig und offen sind.

(Falls Sie zu viel Widerstand haben oder nicht darin geübt sind, solche alten Geschichten auszugraben, dann wenden Sie sich an einen darin geübten und erfahrenen Therapeuten oder Seelenhausberater. Er wird mit Ihnen gehen und Sie hindurchführen und zugleich helfen, das Gefundene aufzulösen und zu bereinigen.)

Haben Sie die Geschichte oder das Problem gefunden, so sind Sie hier entweder Täter oder Opfer gewesen oder beides, und Sie können nun irgendeine Form der Auflösung wählen, wie die der radikalen Vergebung oder der hawaiianischen Methode Ho'oponopono, die jetzt in aller Munde ist (vgl. Diethard Stelzl), oder eine Seelenhaus-Technik oder welche Sie wollen. Haben Sie dies erfolgreich getan, kehren Sie wieder zur Stelle der Auflösung der Angst zurück, gehen Sie wieder in diese neue Ebene, und es wird dort schön und sonnig sein. Dann suchen Sie dort Ihr Geschenk.

Das Geschenk lässt sich nicht finden.
Es ist schon erstaunlich, wie viele Leute hier ihr Geschenk (unbewusst) gar nicht finden wollen. Sie sind schon so glücklich über das neue Level und das freie, friedvolle Gefühl, dass Sie die Übung damit abschließen. Dies können Sie ja machen, doch empfehle ich, wie bei der Sage von Siegfried, das wertvolle Geschenk Ihres Unbewussten zumindest zu finden, um dann weiter zu entscheiden. Oft findet man es nicht, weil es einfach zu groß, zu bedeutend ist. Dann müssen Sie immer wieder entscheiden: Ich will das Geschenk haben, ich will es finden..... Gehen Sie einfach durch Nebel oder Hindernisse hindurch und lassen Sie sich nicht aufhalten, immer weiter, mit der festen Absicht, Ihr Geschenk zu finden. *Und wo ein Wille ist, da ist auch ein Weg,* bisher haben es alle gefunden. Gehen Sie immer weiter und fragen Sie Ihr Herz: Was möchte ich jetzt tun? Wo zieht es mich hin? Oft müssen Sie einen langen Weg gehen, bis Sie an ein Haus, einen Tempel oder auf einen Gipfel kommen. Gehen Sie hinein, und sollten Sie hier Kisten finden oder eine Muschel am Grund des Meeres, dann natürlich öffnen Sie diese und schauen Sie hinein. Falls Menschen

oder Wesen auftauchen, dann fragen Sie: Was ist deine Botschaft? Was wollt ihr mir sagen? Wo oder was ist meine Belohnung, mein Geschenk? Fragen Sie dies aber ohne Forderung oder Nachdruck, einfach nur fragen. Bedenken Sie, es ist ja in Ihrem Geist, Sie können es nicht verpassen, hören Sie nur nicht vorzeitig auf. Es gehört Ihnen und Sie werden es nicht bereuen.

Bedeutung und Erklärung der einzelnen Schritte

Obwohl dies für die Durchführung nicht wichtig ist, warum und wieso diese Schritte und in dieser Reihenfolge erfolgen, möchte ich dies für Interessierte doch kurz darlegen, um auch dem Verstand etwas Nahrung zu geben. Bei allen meinen Heilmethoden bin ich immer davon ausgegangen, dass sie auch völlig verstehbar und nachvollziehbar sein sollen, daher auch beliebig reproduzierbar, und so möchte ich auch hier kurz erläutern, wozu die einzelnen Schritte gut sind und was ihr jeweiliges Ziel ist. So kann auch der einzelne Anwender noch einmal nachprüfen, ob er bei der Übung diese Ziele der einzelnen Schritte erreicht. Sowieso scheint es mir hilfreich, zu verstehen, was da passiert und warum man es tut. Dies ist dann für Intellektuelle leichter anzunehmen.

Schritt 1: Die Angst fühlen

Hier geht es darum, die Ebene zu erreichen, in der die Angst sitzt. Auch wenn sie auf einer mentalen Überzeugung beruht, ist sie doch eine Energieform, durch Glauben gefestigt, und kann, wie schon gezeigt, nicht durch rationales Denken, auch nicht durch mentale Veränderung allein aufgelöst werden. Der Intellekt wäre die völlig ungeeignete Ebene, wie wohl jeder weiß, der jemanden oder sich eine Angst auszureden versucht hat. Wir müssen also wieder Zugang zu der Energieform finden, und dies geschieht über das Fühlen der Angst.

Hier ist es wichtig, die schon vorhandenen Widerstände gegen die Angst zumindest zeitweise zu lockern oder loszulassen und sich auf das Gefühl einzulassen. Der Therapeut muss hier den Klienten dahin coachen, dass solche Ängste nur Gefühle sind und es kein Problem ist, sie zu fühlen. Sind sie zu stark, können sie abgeschwächt werden. Vor allem dürfen Sie nicht ausagiert werden, sondern sind einfach nur so weit zu fühlen, dass man das Gefühl dazu empfindet.

Eine weitere Hilfe ist hier die Erinnerung. Ist man gerade jetzt in der Übung blockiert, so soll man sich einfach an das Gefühl der Angst erinnern, und dies ist ja in jedem Fall vorhanden, sonst würde die Angst gar nicht stören. Sie ist ja immer da und tauchte schon mehrmals auf, und so kann der Zugang auch über die Erinnerung erfolgen, die aber ins Gefühl münden muss.

Schritt 2: Die Angst im Körper lokalisieren

Nun sind Ängste meistens unbestimmt und diffus, und um sie zu konkretisieren oder dingfest zu machen, um damit überhaupt arbeiten zu können, nehmen wir den Körper zu Hilfe, der ja jedes Gefühl irgendwo ausdrückt. Alle gebunkerten und auch verdrängten Gefühle finden sich zugleich irgendwo im Körper wieder, wo sie gespeichert sind. Darauf kann ich hier nicht weiter eingehen, aber viele Masseure wissen, dass bei Rolfing oder anderen Tiefenmassagen plötzlich heftige und teilweise uralte Gefühle hochkommen können.

Die Ängste nun, so ist einfach die Erfahrung, zeigen sich vor allem in bestimmten Chakren, vor allem im Nabelchakra, im Herzchakra oder Kehlkopfchakra, ganz selten im Kopf, manchmal auch an mehreren Stellen zugleich. Doch müssen wir dies nicht näher analysieren. Wichtig ist bei diesem Schritt nur, *die Angst irgendwo zu lokalisieren,* um sie genauer spüren, fühlen, wahrnehmen und durch Fokussierung verstärken zu können. Es ist ein alter Trick und sicher allen Meditierenden und Mentaltrainern bekannt, dass etwas konkreter, intensiver und stärker wird, sobald ich meine Aufmerksamkeit darauf richte. Dies ist der Sinn dieses Schrittes.

Wir verstärken nun dadurch das Gefühl, machen es konkreter und deutlicher, und haben die Angst jetzt konkret und lokalisiert am Haken, wo sie nicht mehr entkommen sollte.

Schritt 3: Die Angst nach außen projizieren

Dieser kurze Schritt, der üblicherweise nur wenige Sekunden dauert, weil er *nur eine Entscheidung* darstellt, hat den Zweck, die innere Angst, mit der man sich verwoben oder von ihr sogar besessen fühlt, die irgendwo in mir ist, nach außen zu bringen, zum Objekt zu machen. Erst als etwas Objektives, Äußeres kann ich sie bearbeiten, handhaben und sie in Raum und Zeit definieren, was dann im nächsten Schritt erfolgt.

Ich habe sie zwar durch den Schritt 2 am Haken, aber sie ist noch etwas völlig Diffuses, Unklares, Subjektives, irgendein Gefühl, das ich zwar fühlen, aber nicht fassen kann. Daher muss ich die Angst irgendwie objektiv machen. Nun ist es ein altes Gesetz, dass alles in Raum und Zeit, dass alles Geschaffene eine Form hat und haben muss. Nichts Geschaffenes ist ohne Form, und das Formlose ist nicht geschaffen. Eine Angst ist aber eine Kreation in Raum und Zeit wie alle anderen Dinge auch, hat auch einen Anfang und daher auch eine Form, wenn auch nur eine mentale (Struktur) und emotionale (Farbe), die ein Hellsichtiger jedoch in der Aura wahrnehmen könnte. Das brauchen wir aber nicht und wäre wohl auch zu viel verlangt.

Für uns ist nur wichtig, dass wir einfach die Entscheidung treffen, sie von irgendwo innen in den mentalen Raum *vor mir* zu befördern, sie mir vorzustellen, also vor mich hinzustellen, sie einfach zum Objekt zu machen, das ich mir anschauen, aber vor allem definieren kann im nächsten Schritt. Wie die Tibeter gebe ich der „zornvollen Wesenheit" eine Form in meinem Geiste. Kurz gesagt: Ich entscheide mich einfach, die jetzt gefühlte Angst vor mich hinzustellen, und dies klappt immer. Sollte irgendjemand damit Probleme haben, dann braucht er nur zu raten: „Wie würde sie denn aussehen, wenn sie vor mir stünde?" Das genügt.

Schritt 4: Die konkrete Form der Angst definieren

Somit ziehen wir die Angst, die wir vorher schon am Haken hatten, an Land und betrachten den Fisch jetzt konkret. Damit erfassen wir alle Aspekte und Anteile dieser Angst und können nichts übersehen. Alles, was erscheint in Raum und Zeit, ist definiert, man könnte auch sagen, alles ist ein Programm. Wenn ich eine Kugel in Größe, Farbe, Form und Substanz definiere, dann habe ich ein konkretes Bild davon. Ich visualisiere damit jetzt die einzelne konkrete und spezielle Angst, die ich auflösen will, und definiere sie so, dass sie nicht mehr verwechselt werden oder abtauchen kann. Wenn doch, brauche ich sie über die Definition bloß wieder mental auferstehen zu lassen.

Wir schauen uns also die Angst an und machen sie über die 4 wichtigsten Attribute ganz *konkret und damit handhabbar*. Wenn Sie beispielsweise in der Mathematik etwas definiert haben, dann können Sie damit rechnen und operieren. Und das haben wir mit der Angst dann auch vor. Tun wir dies nicht, gehen wir vielleicht prinzipiell mit dem Typ Angst um, den wir fühlen, stochern wir dann irgendwie im Angstnebel, aber bekommen diese spezielle, konkrete Angst nicht unbedingt zu fassen. Um etwas Konkretes auflösen zu können, muss ich das Ziel *genau* erfassen und definieren. Für den Klienten ist dieser Schritt übrigens ganz einfach. Die Kreation steht ja schon vor seinem geistigen Auge und er muss nur noch sich klarmachen:

Welche Farbe hat dieses Ding? Wie groß ist es ungefähr im mentalen Raum (Schätzung)? Aus welcher Substanz besteht es, und welche Form hat es? Manchmal kann die Form auch ständig wechseln, dann ist es eben eine Wechselform. Auch Farben können wechseln, das gehört dann eben zu dieser speziellen Form. Damit haben wir nun die aufzulösende Angst als Ganzes erfasst, den Fisch an Land gezogen und können jetzt beginnen, ihn zu bearbeiten.

Daran scheitern wohl viele ähnliche Verfahren, dass sie der Angst nicht wirklich habhaft werden, sie nicht konkret zu Gesicht bekommen und dann als Therapie eher mit dem Schrotgewehr ins Blaue schießen als ins konkrete Ziel. Dann kommt auch weniger Genaues heraus und es geht dann mehr um Zufallstreffer. Nicht aber hier, wir haben sie ja intensiv gefühlt und dann konkretisiert und definiert. Es gilt: je konkreter, umso genauer, umso besser.

Schritt 5: Entscheidung fällen

Natürlich können wir die Entscheidung auch früher fällen, und im Prinzip und ganz allgemein tun wir es ja auch, sonst würden wir die Übung ja gar nicht anfangen. Aber die Entscheidung, einen Fisch konkret zu bearbeiten, macht erst wirklich Sinn, wenn er geangelt ist und jetzt vor mir liegt, wie die Angst, die jetzt konkret in Farbe und Form vor mir steht. Hier muss und kann nur ich bzw. der Übende die Entscheidung treffen, es ist auch sein Vorrecht und niemand sonst kann und darf für ihn entscheiden, wie es Mediziner sonst gern mit „Patienten" zu tun pflegen. Bei allen meinen Heilmethoden wird und muss die Entscheidung des Klienten respektiert werden. Aber in der Praxis hat es noch niemanden gegeben, der so weit gekommen war und sich dann nicht für die Auflösung der Angst entschieden hätte.

Manchmal allerdings sind Menschen willensschwach, z.B. nach Zeiten langen Schlafes (gemeint nach langer Unbewusstheit) oder langer Indoktrination. Dann können Sie den Klienten dabei unterstützen, ihn ermutigen, anfeuern, dafür begeistern wie ein guter Fußballcoach seine Mannschaft. Es hat hier auch keinen Sinn, es einfach mal zu versuchen, dies käme aus dem Verstand. Sie müssen hier einzig und allein aus dem Willen entscheiden, wie Alexander der Große es mit dem gordischen Knoten tat, und nicht lange nachdenken. Es muss eine *absolute* Entscheidung sein nach dem Motto: Und wenn es das Letzte ist, was ich tue, ich lasse mich nicht mehr von dieser Angst plagen, ich mache sie jetzt völlig platt. Es muss eine Einstellung sein wie bei Siegfried gegen den Drachen.

Doch manchmal scheint die Angst riesig zu sein, unüberwindbar, heimtückisch, sich immer wieder erneuernd, nicht besiegbar, oder sie scheint unendlich zu sein. Aber denken Sie daran: *Was einen Anfang hat, hat immer auch ein Ende.* Sie müssen einfach nur ohne Wenn und Aber und, ohne zu denken, wie es gehen soll, klar entscheiden: Ich zerschlage jetzt diese Angst, ich mache sie jetzt platt. Punkt. Purer Wille. Kein Versuchen, kein Probieren, einfach nur entscheiden. Ermutigen Sie Ihren Klienten dazu, den ganzen Willen einzusetzen. Dieser Schritt braucht auch nur wenig Zeit, es wird auch keine Energie gesammelt oder sonst was, wirklich nur *radikal* entschieden.

Schritt 6: Sich bewaffnen und ausrüsten

Hier beginnt nun der abenteuerliche oder sogar freudvolle Teil der Übung, zumindest bei den meisten. Denn in diesem Schritt drehen wir das *Opfer wieder zum Schöpfer* um. Sie oder der Klient haben sich so lange der Angst unterworfen, haben wenig anderes machen können, als vor ihr zu fliehen oder sie wegzudrücken oder auszuhalten. Nun aber liegt diese unheimliche und bisher im Verborgenen hausende Angst als Objekt vor Ihnen, und Sie können jetzt etwas damit machen! Dazu erschaffen Sie sich jetzt die Mittel und signalisieren Ihrem Bewusstsein damit, dass Sie wieder die Herrschaft übernehmen wollen.

Dieser Schritt beinhaltet vor allem, dass ich mich an mein *Schöpfersein* erinnere und kreativ nun Waffen erfinde oder mir – wie im Film Matrix – aus meiner virtuellen Waffenkammer hole (Opfer haben keine), an die ich wieder glauben muss. Hier sind mir keine Grenzen gesetzt. Schränken Sie sich keinesfalls ein, sondern haben Sie mal Freude daran, jetzt etwas tun, machen, endlich in Aktion treten zu können. Indem Sie die Waffen wählen, sind Sie vielleicht zum ersten Mal seit langem wieder kreativ, sind Sie wieder Schöpfer und fühlen sich wieder machtvoll. Dies ist auch berechtigt, denn das Objekt hat nur die Waffen, die es jetzt hat (die Sie ihm einst gegeben haben). Sie haben aber als Beobachter, als Bewusstsein eine unbegrenzte Waffenkammer, schöpfen aus dem Feld aller Möglichkeiten. *Das Objekt hat endliche Möglichkeiten, Sie als Schöpfer aber unendliche.*

Daher ist es zuzulassen, dass der Klient hier auch Spaß hat. Wie in einem Videospiel kann er jetzt der Held sein, kann sich bewaffnen und damit im Geiste *ermächtigen*. Fühlen Sie diese Macht, wenn Sie sich bewaffnen, genießen Sie es, und auch während des späteren Kampfes können Sie jederzeit beliebige Mittel erschaffen und einsetzen, das Objekt läuft aber nach einem Programm und kann nicht kreativ agieren. Damit ist es eigentlich schon besiegt.

Optional können Sie hier auch die Hilfe des Himmels anfordern und bekommen. Was geschieht dabei? Sie zapfen damit das Überbewusstsein an oder verbinden sich mit dem größeren Ganzen, was die Sache natürlich noch leichter macht. Hiervon kommen noch weitere Ideen und Mittel, an die Sie als Individuum gar nicht gedacht haben, die noch schneller wirken. Aber es ist nicht notwendig, allein Ihre Schöpferkraft reicht völlig aus, denn Sie selbst haben das Angstmonster ja erschaffen, dann können Sie es auch besiegen.

Schritt 7: In die Angst hineingehen

Nun könnten wir, wie der berühmte Arzt Carl Simonton mit den Krebszellen, die er vom Patienten visuell zerstören ließ, die Angst von außen zerstören und besiegen. Das ginge durchaus, wie auch die Erfolge dieses Arztes zeigten, es hat nur einen Schönheitsfehler. Ich besiege etwas Fremdes, Anderes, und selbst wenn ich es schaffe, dann könnte es ständig wiederkommen, könnte aus der Wurzel wieder Neues entstehen, da ich ja über dessen Ursprung keine Macht oder Kontrolle habe. Wir wollen die Angst aber endgültig besiegen.

Deshalb müssen wir uns wieder mit ihr bewusst (vorher war es unbewusst) verbinden, aber diesmal als Schöpfer. Dies bedeutet nichts anderes, als dass wir mit diesem Schritt dem Unterbewusstsein klarmachen: *Wir lehnen dieses Ding nicht mehr ab, sondern übernehmen hier wieder die Verantwortung.* Wir erklären dies dadurch, dass wir uns nun visuell und gefühlsmäßig bewusst damit verbinden und in die Angst hineingehen mit der Intention: *Das ist meine Kreation.* Ich habe sie erschaffen, erkenne und akzeptiere das und habe damit auch wieder Macht über sie, nicht nur von außen, sondern ich bin wieder ihr Ursprung.

Diese Verantwortungsübernahme ist wichtig, *um die Wurzel aufzulösen*, oder in der Analogie der Siegfried-Sage das Monster *mitten ins Herz zu treffen*, und nicht nur einzelne Glieder abzuhacken. Dann nämlich könnte es sich regenerieren, aber so nicht mehr. Indem ich also hineingehe, fühle ich auch wieder die Energie dieses Dings als meine, und das fühlt sich üblicherweise nicht gut an (sonst machen Sie hier etwas falsch). Ich verbinde mich wieder mit dieser Energie, aber bleibe der Schöpfer und drücke mit diesem Bild des Verbindens etwa aus: Das ist ja meine Energie, meine Kreation, aber das bin nicht ich, sondern ich habe es erschaffen, und daher kann ich es jetzt bis ins Mark hinein auflösen. Daher ist es besser, Sie zeigen dies auch bildlich und gehen wie Siegfried mitten ins Herz hinein, verbinden sich wieder bewusst energetisch und gefühlsmäßig damit und *zerschlagen die Angst dann von innen heraus*. Dann können Sie sicher sein, dass Sie es für immer und endgültig zerschlagen haben. Denn wenn ich es nur als Äußeres erkenne, dann ist die diese Angst unbewusst erschaffende Wurzel in mir nicht zerschlagen, die unbewusste Ursache und Energiequelle, meine mir derzeit unbewusste Einstellung und Überzeugung, und ich behandle es als etwas Fremdes. Das ist dann zwar ebenso weg, wenn es zerschlagen ist, könnte aber nachwachsen, eben weil ich die Verantwortung nicht übernommen, es nicht als mein Eigenes wirklich erkannt habe.

Doch wenn ich mich ganz mit ihm verbinde, die unguten Gefühle kurz noch einmal fühle, dann zerschlage ich ja meine inneren Gefühle wie auch die Form der Angst, die Überzeugung, *als meine eigene*, und habe so das Herz getroffen, die Wurzel zerschlagen, habe psychologisch gesehen mich als den Schöpfer erlebt, und damit kann ich es leicht für immer abstellen. Besser kann ich es nicht erklären, aber *die Verantwortungsübernahme wird hiermit erreicht*.

Schritt 8: Die Angst zerschlagen und auflösen

Hier können Sie sich nun imaginativ austoben und Ihrer Fantasie freien Lauf lassen. *Wir zeigen der Seele nun mit Bildern, was wir wollen*, was wir entschieden haben. Zerschlagen Sie aber aus den gesagten Gründen die Figur zuerst von innen heraus, selbst wenn sie sich auch von außen zerschlagen lässt. Wichtig ist ferner, dass Sie es gänzlich auflösen, also etwas Hartes nicht nur zerbröseln, sondern dann auch noch die Trümmer beseitigen, die Reste niederwalzen, den Staub absaugen. Einfach der Gründlichkeit halber. *Das Bewusstsein soll wissen, dass wir nichts, aber auch gar nichts mehr davon haben wollen.*

Wichtig ist auch noch der Hinweis, dass Sie bei Schwierigkeiten jederzeit neue Waffen und Mittel sich erschaffen können. Spuckt es Feuer, holen Sie Wasser, ist es schleimig und nicht greifbar, holen Sie einen Feuerwerfer usw., also einfach immer das Gegenmittel. Auch können Sie – wie gesagt – den Himmel bitten, wenn Sie wollen, Helfer zu schicken oder weitere Hilfsmittel. Bislang hat der Schöpfer immer gewonnen, wenn es in seltenen Fällen auch etwas länger dauern kann, denn er hat unbegrenzte Mittel. Hören Sie erst auf, wenn alles weg ist.

Schritt 9: Weitergehen auf ein neues Level, eine neue Ebene

Hier kommt nun der schöne Teil, der Teil der Belohnungen und Geschenke. Wir geben dem Geist über die Bilder den Raum, uns zu belohnen, und integrieren zugleich das neue Level sowie das Geschenk durch bildhafte Annahme, die uns auch die jeweiligen Gefühle bringt. Zuerst gehen Sie nach der Auflösung der Angst nach vorne wie durch eine Leere oder ein Vakuum oder durch einen Tunnel, ein Tor oder einen Durchgang. Oder Sie kommen gleich in eine neue Landschaft. Dies ist sehr individuell. Auf jeden Fall gehen Sie so lange nach vorn, bis etwas Neues kommt, und wenn es zu lange dauert (dies bedeutet Angst vor Neuem und Unbekanntem), dann nehmen Sie einfach den Trick und teleportieren sich per Entscheidung ans Ende dieses Dunkels oder Tunnels. In jedem einzelnen Fall haben wir *immer eine neue und schöne Landschaft dahinter* gefunden.

Die Seele antwortet hier auf Ihre Mühe mit einem Bild und einer *Zugangsberechtigung*. Sie bekommen Zugang zu einem bisher durch die Angst wie auch Ihr Opfersein verborgenen Teil Ihrer Seele. Wie bei den Helden im Märchen ist auch hier keine Mühe ohne Belohnung. Sie können nun diesen neuen Teil am besten erfühlen, und die hier empfundenen Gefühle zeigen, um welchen Bereich es sich handelt: Es ist aber immer ein spiritueller Gewinn. Vielleicht fühlen Sie Frieden, Schönheit oder erreichen das Ewig-Weibliche in Form des Meeres, oder was auch immer. Stets empfinden Sie etwas Schönes oder Neues, und dies bleibt ab jetzt in ihrem Bewusstsein zugänglich. Sie können jederzeit wieder dort hingehen. Genießen Sie es, und empfinden Sie auch Dankbarkeit dafür.

Schritt 10: Geschenk abholen und integrieren

Viele hören nun hier auf, eben weil es so schön ist. Die Angst ist besiegt, eine neue Bewusstseinsebene erreicht. Was will man mehr? Doch die neue Ebene und Freiheit des Geistes ist nicht das Geschenk, das wir suchen (obwohl es sicher auch eine Belohnung ist). Das Geschenk, wie bei Siegfried die Unverwundbarkeit, ist etwas ganz Spezielles so wie vorher die aufgelöste Angst, ist sozusagen das Gegenstück der Liebe dazu. Es gibt immer nur die zwei Möglichkeiten, und wenn Sie das eine auflösen, können Sie das andere jetzt haben. Das müssen und sollen Sie aber gar nicht wissen oder gar darüber nachdenken nach dem Motto: Was könnte es denn sein? Der Verstand kann es wirklich nicht erraten, es ist jedesmal etwas Anderes und nur für Sie allein Bestimmtes, wie Sie im nächsten Kapitel der Beispiele sehen können.

Der Sinn dieses Schrittes ist, tatsächlich *das zu finden, was die Liebe gewählt hätte* statt der Angst oder was bei jener Wahl der Angst damals die Alternative gewesen wäre. Dies können wir jetzt finden, denn der Geist ist bereit, nachdem wir die Angst beseitigt haben, uns *wieder neu wählen* zu lassen. Damit wir aber nicht wieder aus dem Ego wählen, gehen wir über diese Landschaft und empfangen (!), was die Liebe für uns bereithält.

Gehen Sie also über die Landschaft, wenn schönes Wetter ist, und genießen Sie die Gefühle. Doch zugleich fragen Sie sich innerlich, aber ohne Begierde: Wo ist mein Geschenk? Fragen Sie leise immer wieder, und gehen Sie einfach vorwärts oder aber dahin, wo Ihr Herz Sie hinzieht. Meist gehen Sie einfach einen Weg immer weiter. Manchmal dauert es einige Minuten, lassen Sie nicht locker. Am Ende des Weges oder plötzlich vor, neben oder hinter Ihnen taucht etwas auf. Dies kann alles Mögliche sein, aber es wird Ihnen Freude machen. Es kann ein Ding, Objekt, ein Wesen, ein Mensch, sogar eine Situation sein wie eine Hochzeit.

Was immer Sie finden oder Ihnen gegeben wird, nehmen Sie es zumindest probeweise einmal an. Dann fühlen Sie, wie es sich anfühlt. Falls Sie nicht wissen, was es ist oder bedeutet, dann fragen Sie bitte nach, unbedingt. Keine falsche Schüchternheit. Fragen Sie den Boten oder das Ding, wozu es gut ist, was man damit machen kann. Bei Menschen fragen Sie nach der Botschaft: Was willst du mir sagen, was ist die Botschaft für mich? Fragen Sie und klopfen Sie an, und es wird Ihnen gezeigt, ob nun mit Worten oder in einem Bild, und Sie werden es auch fühlen können.

Wenn wir es gefunden haben, dann bleibt nur noch, das Geschenk auch anzunehmen und zu fragen, wo es in Ihnen seinen Platz hat, manchmal im Herzen, manchmal auch woanders. Dies dient dazu, es auch wirklich in uns zu integrieren. Dazu nehmen Sie es imaginativ in sich hinein oder verbinden sich bei Menschen und Wesen durch kurze Umarmung. Damit zeigen Sie dem Bewusstsein, dass Sie es akzeptieren und bereit sind, es liebevoll zu integrieren. Fühlen Sie das dazu gehörende Gefühl, meist fühlt es sich an, wie etwas lange Vermisstes wieder bekommen zu haben. Es macht Sie künftig auch für die alte Angst immun, denn es ist ja das Gegenstück. Oft ist diese Integration mit Emotionen und Freudentränen verbunden. Genießen Sie es, Sie haben es sich verdient.

Beispiele aus der Seminarpraxis

Sicher wird es nun für viele Leser interessant sein, und auch für mich ist es immer wieder spannend, zu erleben, wie die Ängste der anderen aussehen, welche Gestalt sie annehmen und welche Form sie haben, mit welchen Mitteln sie besiegt werden und vor allem, welche Geschenke dahinter verborgen sind. Obwohl ich diese Methode auch oft beim Privatcoaching einsetze, auch bei Firmen und im Management, wo große Ängste herrschen, so stammen die hier gezeigten Beispiele absichtlich nicht von Profis, sondern von ganz normalen Teilnehmern meiner öffentlichen Seminare, von denen die meisten diese Übung zum ersten Mal gemacht haben, beispielsweise im Seelenhaus-Seminar oder im Kurs „Schritte ins Erwachen", wo eher mystisch orientierte Menschen teilnehmen, von denen die Beispiele der kosmischen Ängste stammen. Die Ängste haben wir genau so beschrieben, wie es die Kursteilnehmer in der gemeinsamen Übung selbst definiert, konkretisiert, bearbeitet und uns dann danach erzählt haben. Der Seminar-Assistent hat dies einfach bei der Schlussrunde so notiert.

Manchmal hat die ganze Gruppe gleichzeitig eine bestimmte Angst ausgewählt wie beispielsweise „Angst vor Nähe" oder „Angst vor Verschmelzen mit Gott, vor dem Einssein, Oneness", die dann aber jeder für sich in seinem Bewusstsein bearbeitet hat, wobei ich nur die Schritte ansagte und jeder dies dann individuell bei sich ausgestaltete. Ein anderes Mal hatte jeder in der Gruppe die Möglichkeit, verschiedene ganz persönliche Ängste auszuwählen, die wir auch wieder in einem gemeinsamen Prozess, aber jeder innerlich für sich, bearbeiteten und auflösten.

Beide Beispiele werde ich hier vorstellen, aber für das Ergebnis spielt es keine Rolle, ob eine gemeinsame Angst oder verschiedene Ängste in einem Gruppenprozess aufgelöst werden, zumal es ja ohnehin jeder mental für sich macht. Auch eine allen gemeinsame gleiche Angst stellt sich bei jedem einzelnen immer noch anders dar und ist daher individuell zu bearbeiten, wobei wir aber im Gruppenprozess die prinzipiellen zehn Schritte der Methode gemeinsam gehen. Dies ist auch energetisch günstiger, als es allein zu machen. Es ist dabei spannend zu sehen, wie unterschiedlich sich dieselbe Angst bei jedem Einzelnen ausprägt und gestaltet, auch wie speziell sie sich jeweils zeigt und auf wie unterschiedliche Weise die einzelnen Teilnehmer sie auflösen. Kein Weg ist hier wie der andere, keine Seele wie die andere, und das ist gut so. Jeder ist ein ganz individueller Schöpfer, und daher kann man auch nicht eine bestimmte Angst wie „Versagensangst" einfach pauschalieren und sagen, so und so sieht sie aus. Sie sieht bei jedem anders aus. Aber man kann sie andererseits auch nicht nur ganz allgemein fühlen und im Nebel lassen, ohne Definition, dann kann man sie nicht handhaben. Genau deshalb, weil sie trotz ähnlichen Gefühls verschieden gefärbt und ausgeprägt sind, müssen wir sie mit der Methode gemeinsam in der Gruppe, aber bei jedem Schritt zugleich bei uns selbst einzeln hervorholen und individuell präzise definieren, um sie genauso präzise auflösen zu können.

Die Schritte werden in der gemeinsamen Übung allgemein angesagt, in einem bestimmten Tempo, aber jeder wendet diese Schritte bei sich ganz individuell an, jeder holt sich seine besonderen Waffen und vielleicht einzigartige Technik, und natürlich bekommt auch jeder am Ende sein ganz für ihn allein bestimmtes, individuelles Geschenk.

Es zeigt sich dabei, dass *Erfolge recht schnell und einfach* zu erreichen sind, dass man nicht lange üben muss, um diese Methode erfolgreich anzuwenden. Meistens gelingt dies sogar gleich beim ersten Mal. Manchmal, das gebe ich zu, mussten wir bei einigen Teilnehmern auch nacharbeiten, aber auch dann immer nur mit dieser Methode, ohne fremde Hilfsmittel. Dies bedeutet, dass es gelegentlich zu den kleinen Problemen kam, die wir im Kapitel 2.1...(Hinweise zur Fehlerbehebung) kurz angesprochen haben: z.B. konnte jemand nicht in die Angst hinein oder konnte sie nicht völlig auflösen oder hat das Geschenk nicht gefunden oder konnte mit dem Geschenk nichts anfangen und manches mehr.

In solchen Fällen haben wir den für den einzelnen problematischen Schritt, wo es für ihn stockte, im Anschluss an die Gruppensitzung *individuell noch einmal* durchgeführt, und mit etwas Coaching und Führung hat es dann immer geklappt. Lesen Sie sich in solchen Fällen zuhause nochmals den Abschnitt Fehlerbehebung gründlich durch und machen Sie dann den problematischen Schritt einfach nochmal und vielleicht noch etwas gründlicher, eventuell auch mit einem Partner oder Berater zusammen, dann wird es sicher klappen. Wenn nicht, kommen Sie einfach selbst zu einem dieser Seminare und lassen den Fehler beheben, oder schreiben Sie uns eine email. Doch es sollte Sie ermutigen, dass 80-90% der Anfänger bereits die jeweilige Angst ganz allein für sich erfolgreich auflösen konnten. Hier nun die Ergebnisse aus den Seminaren:

Die folgende Gruppe hat unterschiedliche Ängste bearbeitet:

Art der Angst	Definition	Geschenk
Angst vor Lebensaufgabe	Sandsteinmauer direkt vor mir	Menschenmenge!!
Angst vor Geburt eines Babys	Spitz, stachelig, kantig, rot-grau, 1,5 m groß	Baby im Wäschekorb mit rosa Bettwäsche
Angst vor Tadel	Riesiger Panzer, 10x15m, hoch, Metall, stinkend	Nach Bad im Fluss eine Blumenkette von Lichtwesen
Angst vor Überforderung	Auf Kopf stehendes Pentagramm, hart u. dunkel	Seminarraum voll Menschen/ neue Ebene mit Lichtwesen
Angst vor dem Leben	Große holzartige Kugel, gelb, hart, abgebrannt	Violetter Lichtkreisel zur Verbindung mit Einheit
Angst vor Bestrafung	Kugel aus Harpunen, die auf mich schießen, grün-grau	Tiefblauer Saphir, damit Aktivierung der Hypophyse

Art der Angst	Definition	Geschenk
Angst vor Verletzung	Stahlplatte so groß wie eine Kinoleinwand	Großer Rosenquarz zur Selbstheilung ins Herz
Angst vor Verlust	Schattenfigur u. Geisterkopf, schwarz, bedrohlich	Torbogen zur Lebensfreude Weiße Taube mit Kristallkugel
Angst vor Reichtum	Asteroid mit Stacheln wie Mine im All, gepanzert	Goldbarren in Taschen

Man kann sehr gut erkennen, wie das Geschenk immer einen direkten Bezug zur jeweiligen Angst hat, wie beispielsweise jener Mensch, der Angst vor der Lebensaufgabe hat, dann die Mauer sprengt und als Geschenk auf Menschen trifft, mit denen er jetzt seine Lebensaufgabe leben kann; oder derjenige, der Angst vor Reichtum auflöste, nun Goldbarren erhalten hat.

Es folgt nun das Beispiel einer im Bewusstsein sehr fortgeschrittenen Gruppe (aus meinem Erwachenskurs), die mit dieser Methode Ängste aus dem kosmischen Bereich, und dies sind meist die größten, erfolgreich bearbeiten und auflösen wollten, um Hindernisse zum Erwachen auszuräumen. Entsprechend groß waren die erhaltenen Geschenke.

Diese Gruppe hat kosmische Ängste bearbeitet:

Art der Angst	Definition	Geschenk
Angst vor der eigenen dunklen Seite	Orangefarbene Masse wie Gummi ohne Widerstand	Drache bringt goldenes Ei (spirituelle Fruchtbarkeit)
Angst, das Erwachen in die Welt zu tragen	Großer, grauer Hinkelstein	Lichtspringbrunnen (nicht mit Wasser, sondern Licht)
Angst davor, das Erwachen den Menschen zu bringen	Schwarzer Kohlehaufen mit Spitzen	Gelber Vogel auf der Hand, Große Weite
Angst vor dem Bösen	Schwarze, organische Masse, ca. 50 m groß	Im goldenen Kelch sitzender kleiner, *weißer* Affe
Angst vor der Gottesgeburt, des Gotteskindes	Großer schwarzbrauner Klumpen aus Stein	Mit Diamanten besetzte goldene Kugel
Angst vor Auflösung (ein Klassiker bei Mystikern)	Großer Steinhaufen	Leuchtende Kugel der Vollkommenheit
Angst, sich zu zeigen	Eisenplatte von ca 200kg	Freiheit
Angst, mit Thema Geld (als spirit) nicht klarzukommen	Silbergoldener Riesenklumpen bei Näherung verhackstückt	Natürlich sprudelnde Quelle im Zauberwald

Diese oben erwähnte klassische Angst der Mystiker vor Auflösung oder Verschmelzung, die Angst des Individuums, sich ins große Meer zu ergießen und nicht mehr zu sein, haben wir in einer Erwachensgruppe zusammen aufgelöst. Hier die Ergebnisse:

Diese Gruppe hat die klassische Angst der Mystiker bearbeitet:

Bei allen: Angst vor der individuellen Auflösung, vor Verschmelzung		
Definition	**Waffen**	**Geschenk**
Riesiger *schwarzer* Klumpen	Atombombe	*Goldenes* Herz mit Rubin
Vernichtendes Höllenfeuer	Großer Wasserschlauch	Paradiesapfel
Große *schwarze* Kiste	Flammenwerfer	*Goldene* Krone
Schwärze, die das ganze Universum einnimmt	Eingesaugt mit Supersauger	*Goldene* Sonne, selbstlos strahlend
Schwarzer Zeppelin	Lichtkanone, Laserschwert	Springbrunnen (Symbol für das lebendige große Ganze)
Grausame *schwarze* Leere	Wasserstoffbombe	Singvögel, Lebensfreude
Etwas *schwarzes* Rundes mit spitzen Stacheln	Große Mengen Sprengstoff, dann Rest zertreten	Silberregen als Pranadusche
Schwarze Kugel minenartig, 2 x 2 Meter, schleimig	Sprengstoff	Ostereier, Fruchtbarkeit

Es ist übrigens nicht verwunderlich, dass hier so viel goldene Geschenke empfangen werden, denn diese Farbe ist wie die Farbe Lila oft im kosmischen Bereich zu sehen. Bedenken Sie dabei auch, dass niemand die Geschenke vorher gekannt oder geahnt hat und sie in der Gruppe erst nachträglich verglichen wurden. Es sind also echte Erfahrungen dahinter, sonst gäbe es hier nicht diese statistisch signifikante Häufung von goldener Farbe, die nur bei Geschenken nach Auflösung kosmischer Ängste so massiv auftritt, die wiederum fast immer schwarz sind.

Angstauflösung einer Anfängergruppe im Bayrischen Wald

Art der Angst	Definition	Waffen	Geschenk
Existenzangst und Angst zu versagen	Dicke Hantelscheibe ca. 1 m	Panzerfaust, Brenner,	Strand, Meer, Surfen trifft Partnerin – sagt ihm, sie liebt ihn
Angst vor nächstem Schritt	Gelbes Auto	Riesenwalze und Spezialkran zur Entsorgung	Zauberstab zur Realisierung von Herzenswünschen
Angst zu versagen	Blaugrünes Ding aus Metall, hart, gerippt	Bunsenbrenner, Blechschere	ein Haus als neue Basis
Angst vor der Zukunft	Baggerschaufel	Schwert mit Nitro-Druckzünder (??)	Lichtschirm zur Abwehr v. Negativem
Angst vor Autorität	Riesengroßes Papier, ganz weiß	Streichholz und Feuer – Entsorgen der Reste	Märchenlandschaft großer Schlüssel für eigenes Herz
Angstattacken ohne bekanntes Objekt	Rechteckiges Seidentuch, orange	Feuerzeug und Feuer	Lieblingsberg, -baum, zukünftiger Partner

Thema waren Ängste aus dem psychologischen Bereich oder der Persönlichkeit, und hier sieht man auch wieder, dass die gefundenen Geschenke wunderbar dazu passen. Hier gibt es weniger Goldenes als vielmehr neue Möglichkeiten und Erfüllung persönlicher Wünsche. Ähnlich auch die folgende Gruppe, die sehr gemischte Ängste bearbeitet hat, da es bei der Übung jedem freistand, die für ihn wichtige Angst zu wählen.

Diese Gruppe hat ebenso verschiedene persönliche Ängste bearbeitet:

Art der Angst	Definition	Geschenk
Nicht weit genug zu sehen	Hammer	Schwert der Macht
Versagensangst	70 m großer Betonbunker	Lorbeerkranz (!)
Angst vor Weltuntergang	Große grün-schwarze Säule	Neuer Stern
Angst, nicht zu genügen	Großer stabiler Stein	Sonnenaufgang (!)
Angst vor der eigenen Größe	Eisenbahnschwelle aus Stahl	Diamant in Regenbogenfarbe
Angst, von Gesellschaft nicht akzeptiert zu werden	Dunkler Würfel, sandig und grobkörnig	Große Blumenwiese mit viel Erblühen
Angst, nicht akzeptiert zu werden	1 Meter Beton hoch wie lang	Gelbe Rose mit feinem Rot
Existenzangst	Gelber Kreis aus Panzerglas	Strahlender Leuchtturm
Angst vor tiefen Gefühlen	Schwarze Buchstaben mit grüner Farbe, elastisch	Blume rot und leuchtend, „rosenartig" (=Herzöffnung)

Dies soll erst einmal genügen, um die Intelligenz und Präzision unseres Unterbewusstseins aufzuzeigen, das immer das die frühere Angst ausgleichende, passende Geschenk schon bereithält, wir müssen nur unsere Angst auflösen, und das geht mit Bildern und Gefühlen ganz leicht. Wir haben noch viele andere dieser Beispiele, doch schaffen Sie sich jetzt einfach Ihre eigenen Erfahrungen, denn Ängste sind doch noch genug da, es gibt genug Material zum Auflösen, oder? Wenn keine mehr da sind, können Sie sich wahrlich einen Meister nennen.

Kleiner Scherz zum Schluss:

Vielleicht kennen Sie ja den Helden Obelix, der keine Angst vor den sonst gefürchteten Römern hat, weil er sich einst ermächtigt hat (siehe seine Figur) und sie jetzt so gerne kurz und klein schlägt wie Sie hoffentlich bald auch Ihre Ängste. Eines Tages wird es Ihnen vermutlich wie ihm ergehen. Da Sie inzwischen wissen, dass jede Angst ein tolles Geschenk mit sich bringt, werden Sie süchtig danach und können gar nicht mehr genug Ängste bekommen und ähnlich wie die Zeichenfigur Obelix ständig fragen: Wo sind denn noch Römer?..äh, Ängste? Sind wirklich keine mehr da? Wo könnten noch welche sein? Nun, wenn diese knapp werden, dann leihen Sie sich einfach welche von Ihren Mitmenschen aus, die haben genug davon.

Ich wünsche Ihnen von Herzen ein solch angstfreies Leben.

Tipps und Hilfen – für ein angstfreies Leben

Hier möchte ich Ihnen nun einige Tipps aus der Seminarpraxis wie auch der Lebenspraxis mitgeben, die hilfreich sein könnten. Dies soll völlig undogmatisch geschehen, so wie eben Freunde anderen Freunden ein paar zusätzliche Tipps geben. Sie selber entscheiden, ob sie für Sie nützlich sind oder nicht. Handeln Sie dabei nach dem Rat des Paulus: Prüfet alles, und das Gute behaltet. Ich habe jedenfalls in Bezug auf die Übungen mit der Angst wie auf das tägliche Leben überhaupt die folgenden Ratschläge und Ideen für nützlich empfunden:

Tipp 1: Es gibt nichts Gutes außer, man tut es

Das Wichtigste ist, dass Sie sich durch die viele Theorie über die Angst nicht davon abhalten lassen, vor allem die Praxis zu machen und empirisch zu arbeiten. Ob nun dies oder jenes stimmt oder nicht, das Ego verwickelt Sie allzu leicht in theoretische Fragen, wie jene scholastischen Theologen, die sich über die Haarfarbe der Engel gestritten haben, statt einfach ihr Leben christlich auszurichten. Machen Sie nicht denselben Fehler, sondern beginnen Sie einfach, eigene empirische Erfahrungen zu sammeln. Denn schon ein alter Spruch sagt: „Wer heilt, hat recht.", oder wie es die Amerikaner noch besser sagen: „results have it", die Resultate zeigen es.

Bleiben Sie also im Zweifelsfall, wenn Sie von zu viel Nachdenken oder Nachlesen über die Angst verwirrt sind, einfach bei der Praxis, führen Sie die Übung häufig selbst und mit anderen durch und sammeln Sie die Resultate. Danach können Sie immer noch darüber grübeln, aber Sie haben nun eine Erfahrungsgrundlage, die Ihnen niemand mehr nehmen kann.

Nehmen Sie sich auch die Zeit dafür, die heutzutage immer kostbarer wird. Auch Sie sind es wert, behandelt, umsorgt zu sein, ganzheitlicher und heiler zu werden und frei von Ängsten. Entschleunigen oder vereinfachen Sie notfalls Ihr Leben, aber stellen Sie in jedem Fall diese Arbeit für Ihr eigenes Bewusstsein nicht hintenan, sondern weit vorne auf Ihre Prioritätenliste. Denn dies beeinflusst ganz enorm Ihre Lebensqualität, mehr als vieles andere, was sie so machen. Also müssen Sie sich auch die notwendige Zeit dafür nehmen. Sie profitieren nur von diesem Buch, wenn Sie die vorgestellte Methode durchführen, das Lesen bringt Sie nicht viel weiter. Bleiben Sie kein Lesemeister, sondern werden Sie zum Lebemeister – durch praktische Umsetzung.

Tipp 2: Spielerisch statt ernst

Das Leben ist ein Spiel („Lila", sagen die weisen Inder in Sanskrit), und wir sind die Kandidaten. Doch die meisten Menschen können gar nicht mehr spielen, nehmen dieses Spiel viel zu ernst und werden dann mürrisch, bösartig, gierig, vor allem rechthaberisch und vieles mehr. So macht dann das Spiel keinen Spaß. Ob Sie nun das Leben auch so sehen oder nicht, Tatsache bleibt, dass es sich mit Humor viel leichter und freudvoller leben lässt, und das ist doch, was Sie wollen, oder?

Auch in Bezug auf Ihre Gesundheit ist heute durch viele Experimente erwiesen, dass Humor und Leichtigkeit im Geiste viel zu Ihrer körperlichen Gesundheit beiträgt, worauf ich hier nur verweisen will. Sie tun sich also auch körperlich was zugute, wenn Sie alles leicht und mit Humor nehmen. Denn kann der Ernst wirklich etwas daran ändern, oder, wenn Sie sich ärgern, wird es dann nicht noch ärger? In keinem Fall ist dies besser, also wählen Sie Humor:

Doch der wichtigste Grund, dies zu tun, ist ein psychologischer. Immer, wenn Sie ernst werden, haftet sich Ihr Geist, Ihre Seele an die Dinge. Sie werden schwerer, wichtiger, problematischer und Sie selbst dadurch immer starrer. Vor allem die Probleme und Ängste werden dadurch viel bedrohlicher und drücken viel mehr auf das Gemüt, als wenn Sie mal über sie lachen können. Und wenn nicht, dann merken Sie sich den Satz, der Sie alles leicht überstehen lässt: „**Es geht alles vorüber**". Genauso, wie Autoritäten nicht mehr so gewichtig werden, wenn man über sie lacht, so lassen sich auch Ängste viel leichter fühlen, annehmen und auflösen, wenn man sie nicht mehr so ernst nimmt. Probieren Sie es mal.

Tipp 3: Keine Schritte auslassen – gründlich sein

Wir haben eigens die 10 Schritte entwickelt, um ja nichts auszulassen, was man braucht, um eine Angst aufzulösen. Nicht immer brauchen Sie diese, und vielleicht werden Sie etwas übermütig, wenn Sie einmal einige weggeräumt haben, und kürzen immer mehr ab oder glauben, das eine oder andere nicht mehr zu brauchen, dass Sie Schritte auslassen können. Davon kann ich nur abraten. Denn bei solchem Leichtsinn kann es vorkommen, dass Sie plötzlich mit einer Angst oder einem Problem nicht mehr zurechtkommen, und erstens ein Problem damit haben und zweitens dann die ganze Methode wegwerfen.

Gehen Sie in solchen wichtigen Dingen immer gründlich vor, lassen Sie sich eher mehr Zeit als weniger. Es ist sowieso doch nur ein kurzer Prozess. Lesen Sie die Anleitung mehrmals durch und wandeln Sie nichts davon ab. Vor allem imaginieren Sie die Angst deutlich und klar, und räumen Sie beim Zerschlagen auch wirklich gründlich ab und zerstören Sie jedes Detail. Vielleicht muss man das nicht in jedem Fall, aber besser so, als nachher mit einer großen Angst nicht fertig zu werden.

In fast allen Fällen, in denen Teilnehmer eine Angst nicht auflösen konnten, war der Grund, dass sie entweder Schritte ausgelassen, abgewandelt oder nur oberflächlich gemacht haben. Der Beweis: Bei nochmaliger Anwendung der Methode unter Aufsicht ist es uns stets gelungen, die Angst aufzulösen. Daher also der Rat, gründlich vorzugehen, nichts auszulassen und notfalls nochmals zu wiederholen. Sicher ist sicher.

Tipp 4: Hilfe anfordern *und* annehmen

Viele Menschen sind heutzutage in solcher Unabhängigkeit, dass Sie wirklich Probleme haben, Hilfe und Unterstützung anzunehmen oder gar darum zu bitten. Das würde ja als Schwäche ausgelegt. Daher glauben Sie, alles selber machen zu müssen und natürlich dann auch alles kontrollieren zu müssen. Das ist eine völlige Energieverschwendung, denn Unabhängigkeit, wie schon Hegel wusste, ist eine Illusion. Alles hängt mit allem zusammen.

Daher möchte ich Ihnen raten – aber Sie können es ja auch lassen – es sich einfach und leicht zu machen und bei Schwierigkeiten erst einmal Hilfe anzufordern. Denn es ist schon verrückt, sich zu quälen, wenn doch genügend Hilfe überall da ist, vor allem von der geistigen Welt. Sagte nicht einmal jemand: Bittet, so wird euch gegeben, klopft an, so wird euch aufgetan. Das wäre nun auch mein Rat an Sie, denn Sie müssen nicht beweisen, dass Sie alles allein können.

Konkret bedeutet dies, bei der Ausrüstung und Wahl der Mittel/Waffen, aber vor allem bei der Auflösung der Angst geistige Helfer, Engel oder einfach Hilfe anzufordern. Sie müssen nur darum bitten. Wir tun dies oft, wenn eine Angst zu groß und übermächtig scheint, zu komplex scheint, oder aber ständig wieder nachwächst, so dass wir bei der Auflösung nicht weiterkommen. Dies bedeutet aber wiederum nicht, dass Sie sich auf das Sofa legen können und denken, die anderen machen es schon. Zuerst müssen Sie all Ihre Kraft und Ihren Willen einsetzen, dann hilft Ihnen Gott oder das Leben nach der Volksweisheit: „Hilf dir selbst, dann hilft dir Gott."

Vielleicht denken manche: Warum bitten, die geistige Welt weiß doch sowieso, wie es steht, und kann doch auch ohne Bitte helfen. Leider nicht, denn hier wird die Freiheit jedes Wesens absolut respektiert und die Engel oder Helfer können erst eingreifen, wenn Sie darum bitten.

Tun Sie es doch einfach einmal, und probieren Sie es einmal mit und einmal ohne Hilfe aus. Beides ist möglich, aber warum sollen wir es uns schwermachen. Der Himmel hilft gern und freut sich dann über unsere Dankbarkeit.

Tipp 5: Mit allen inneren Bildern kommunizieren

Es ist eine große Hilfe, wenn man weiß, dass man mit allen inneren Bildern und Bildinhalten ganz frei kommunizieren und alles über sie dabei abfragen kann. Denn all diese Objekte wie auch Wesen, die in Ihrer Imagination auftauchen, befinden sich doch ausschließlich in Ihrem Bewusstsein (nie vergessen) und haben keine eigenständige Existenz, sondern sind wie die Objekte in Ihren Träumen alle von Ihnen erschaffen, aber von einer unbewussten Instanz.

Doch eben mit dieser können Sie über die Bilder kommunizieren, und das machen wir ja sowieso mit den Bildern, die wir uns vorstellen. Wenn also die Ängste eine bestimmte Farbe und ein bestimmtes Aussehen haben, dann sagen sie uns etwas über die Angst aus, die wir darüber analysieren könnten, wenn wir wollten. Ihre Größe zeigt die Bedeutung für uns, die Farbe ihre Art usw. Doch brauchen wir eben nicht lange zu analysieren, sondern können erstens alles fragen, was uns interessiert. Zweitens können wir uns einfach in etwas hineinfühlen, und das Gefühl verrät uns ebenso alle Informationen darüber.

Wichtig ist dies vor allem beim Geschenk. Fast 50% der Klienten wissen zunächst einmal nicht, was sie damit anfangen sollen, und so könnte jemand die Diamantkugel zum Fußballspielen benutzen. Ungünstig. Daher fragen Sie einfach die Wesen, aber auch alle Dinge oder Tiere, die Sie auf dem Weg treffen, was immer sie wollen, vor allem aber die Standardfrage: Was ist deine Botschaft? Die Frage ist offen, und es ist *wichtig, offene Fragen zu stellen,* da wir ja noch gar nicht wissen, was sie uns verraten oder sagen wollen. Vor allem beim Geschenk in Schritt 10 sollte ich die Funktion wissen, unbedingt, sonst nützt es mir recht wenig. Wenn Sie es also nicht sowieso schon fühlen oder intuitiv erkennen, was die Alternativen wären, dann fragen Sie das Geschenk: Wozu bist du gut? Was kann man damit machen? Oder bei einem Menschen: Was willst du mir sagen oder geben? Dann werden Sie oft die Kostbarkeit des Geschenks erst erkennen können. Seien Sie also kommunikativ.

Tipp 6: Willen und Entscheidungskraft stärken

Wir leben heute in einer Gesellschaft, in der Sie tausend Dinge zum Konsumieren auswählen können, aber in wichtigen Fragen wie Wirtschaft, Politik, Zukunftsfragen haben Sie kaum eine. Zumindest wird versucht, Ihnen das auszureden und Ihnen einen Repräsentanten vorzusetzen, den Sie nie gewollt haben, der für Sie die richtige Wahl trifft. Sie können nicht einmal Ihren Anführer wählen wie die Amerikaner. Die einzige Ausnahme ist hier wohl die Schweiz, wo Bürger sich noch immer nicht das Recht nehmen lassen, alle wichtigen Fragen selbst zu entscheiden.

Sie werden also dazu gedrängt, Ihren Willen schlafen zu lassen. Doch dies kommt nur daher, dass Sie es zugelassen haben, dass Sie gewählt haben, auf die Wahl zu verzichten oder andere entscheiden zu lassen. *Sie haben immer eine Wahl.* Diese ist Ihr Naturrecht als geistiges Wesen, und selbst Gott muss unsere oft seltsame Wahl für das Ego respektieren, er lässt uns unsere Freiheit. Aber da Sie von Jugend an lernen, den freien Willen nicht selbst zu gebrauchen, selten etwas selbst zu entscheiden, so ist dessen Kraft geschwächt. Der kleine Mann befolgte, was man ihm sagte, doch immer öfter wacht er jetzt auf und will plötzlich selbst bestimmen. Tun Sie das auch. Entscheiden Sie, was auch immer, Hauptsache, Sie entscheiden irgendwas. Üben Sie und spüren Sie wieder die Kraft Ihres Willens.

Dies wird Ihnen ermöglichen, in Ihrem Bewusstsein und in Ihrem Leben wieder die Herrschaft zu übernehmen, sich von Fremdbestimmung zu befreien. Natürlich müssen Sie dazu Ihre Angst vor Entscheidungen und vor

Verantwortung auflösen. Tun Sie das, Selbstbestimmung führt zum Leben Ihrer Lebensaufgabe und zu Glück und Freude. Erkennen Sie wieder Ihr Schöpfersein und entscheiden Sie sich immer wieder aufs Neue, nicht mehr Opfer zu spielen. Ihre Freiheit misst sich an der Zahl der freien Entscheidungen, die Sie treffen. Nutzen Sie das, selbst wenn einmal unangenehme Konsequenzen drohen. Erkennen Sie: Es gibt keine Sachzwänge, das sind nur Überzeugungen. Sie haben immer eine Wahl.

Üben Sie dies auch bewusst, und Ihre Entscheidungen werden immer machtvoller. Ihr Wille und Schöpfersein ist auch die wahre Macht hinter der Angstauflösung. Die ganze Übung läuft darauf hinaus, dass Sie wieder Schöpfer in Ihrem Bewusstsein werden, Verantwortung übernehmen und machtvoll neue Entscheidungen treffen. Je mehr Sie das tun, je wirkungsvoller werden Ihre Entscheidungen, je leichter bestimmen Sie wieder Ihr Leben, sind Sie wieder Kapitän auf Ihrem Lebensschiff. Zugleich wird es immer leichter sein, Ängste wie auch andere Konstrukte im Bewusstsein aufzulösen und Ihre Gedanken- wie Ihre Gefühlswelt zu beherrschen. Der Wille kann alles erschaffen, auch ein glückliches, angstfreies Leben.

Tipp 7: Dankbarkeit und Mitgefühl kultivieren

Ist Ihnen schon aufgefallen, dass Menschen mit viel Angst sich dauernd beschweren, ärgern, sich fürchten, deshalb entweder im Rückzug oder aggressiv sind, aber nicht in ihrer Mitte? Angst bringt den Menschen weg von seinem Zentrum, seinem wahren Selbst, was eigentlich Liebe ist, auch weg von Gelassenheit und Frieden. Menschen mit Angst haben wenig Frieden.

Entziehen Sie daher der Angst den Boden durch Meditation, falls Sie dazu Lust und Zeit haben, oder im Alltag ganz einfach durch Verbindung, Mitgefühl und Dankbarkeit. Ängstliche Menschen sind nicht dankbar, da sie ja im Mangel sind oder sonstwie bedroht werden, sonst hätten Sie ja keine Angst. Wenn Sie im Garten Ihrer Seele nun bewusst Dankbarkeit und Mitgefühl einsäen, dann ist der Boden nicht mehr empfänglich für Blumen der Angst. Lebensfreude wird Ihre Belohnung sein. Sie können es ja mal probieren.

Statt an das zu denken, was Ihnen fehlt oder Sie ärgert, denken Sie einmal an alle Dinge, für die Sie dankbar sein könnten. Notfalls nehmen Sie sich dafür Zeit oder machen eine Liste. Kürzlich bei einem Mittagessen tat ich dies und mir fielen Tausende von Dingen ein, für die ich dankbar sein müsste, um hier dieses Essen zu haben: den Reisbauern, den Fischern, den Erntehelfern, den Transporteuren, den Köchen, den Bedienungen, den Tellerherstellern usw. Es war mir vorher noch nie bewusst geworden, wie viele Tausende von Menschen zuarbeiten, damit ich hier dieses schöne Mittagessen habe, und ich fühlte für alle große Dankbarkeit.

Allein schon des guten Gefühls wegen sollten Sie dies einmal probieren. Halten Sie im Alltag immer wieder inne und bemerken Sie voll Achtsamkeit, welch eine unglaublich tolle Graphik das Leben für Ihr Lebensspiel entwirft, was alles für Sie gemacht wird, dass Sie dies oder jenes haben, dass Sie dies oder jenes machen können, und schicken Sie dann an all jene Dankbarkeit. Dies wird zu immer mehr Mitgefühl führen, was wiederum zu mehr Nähe und Liebe führt, was wiederum das beste Gegenmittel gegen Angst ist. Nehmen Sie einfach eine Übung, die Ihnen liegt, und kultivieren Sie diese Eigenschaften.

Tipp 8: Geschenk durch Teilen vermehren

Geschenke müssen Sie erst einmal selber annehmen, bevor Sie etwas damit machen können. Haben Sie dies getan und möchten es noch mehr vermehren, in sich wachsen lassen oder intensiver fühlen, dann gibt es hier ein einfaches Mittel: Teilen Sie es im Geiste oder auch seelisch mit anderen Wesen. Während im Materiellen alles, was wir teilen, weniger wird, ist es im Geiste genau umgekehrt. Wie das Gleichnis des Evangeliums von den 5 Fischen und 5 Broten sagen will, wird durch das Teilen alles unglaublich vermehrt, so dass nachher nicht nur alle satt sind, sondern noch Überfluss herrscht.

So können Sie auch Ihre Geschenke vermehren oder intensivieren, indem Sie sich einen Menschen vorstellen, mit dem Sie es teilen wollen, es ihm anbieten und mental mit ihm teilen. Ist der Mensch aber physisch da, können Sie es auch seelisch mit ihm teilen, indem Sie ihn fragen, ob er es auch möchte, dann es fühlen, ihm in die Augen schauen und Verbindung von Herz zu Herz aufbauen und dann durch Umarmung übertragen oder besser in ihm aktivieren, so wie eine Kerze eine andere Kerze anzündet. Je mehr und je öfter Sie dies tun, umso stärker und intensiver wird das Geschenk in Ihnen, egal, ob es sich um eine Fähigkeit, ein Talent oder eine Gabe handelt.

Damit Sie im Leben möglichst viel so teilen können – und ich teile ja meine Erkenntnisse jetzt gerade mit Ihnen –, ist es sinnvoll, sich auch gute Freunde oder einen Bekanntenkreis zuzulegen oder ihn zu suchen, mit dem Sie solche geistigen Dinge teilen können, wo ich mich auch geistig austauschen kann und dann grundsätzlich nicht nur mein Wissen und meine Weisheit vermehre, sondern wiederum vieles auch von anderen geschenkt bekomme. Dies ist der Sinn von Satsang, was übersetzt nur heißt: gemeinsam im Sein verweilen. Tun Sie dies, und Sie werden viel schneller sich entwickeln und geistig wachsen als ein noch so stiller Einsiedler, der nichts teilt.

Am Ende vieler Seminare lasse ich die Teilnehmer immer die gewonnenen oder bekommenen Gaben miteinander teilen, und es stellt sich immer eine große Freude ein. *Auch haben dann alle viel mehr Gaben, als sie nur für sich gehabt hätten,* und können dadurch viel schneller wachsen. Vielleicht haben Sie ja auch Lust, sich gute Freunde zuzulegen, mit denen Sie solche Ängste und andere Hindernisse gemeinsam auflösen, und dabei auch diese Methode weiterzugeben, anderen zugänglich zu machen und die Geschenke dann am Schluss jeder Sitzung miteinander teilen zu lassen. Was geteilt wird, vermehrt sich.

Tipp 9: Dem Leben vertrauen

Zum Schluss noch ein Generaltipp für all jene, die ein schönes und angstfreies Leben führen wollen. Es ist einfach und doch so schwer, dem Leben zu vertrauen, wieder wie das Mädchen im Märchen „Sterntaler" zu sein und einfach so viel Gold zu empfangen, ohne es sich qualvoll verdienen zu müssen. Warum? Weil unsere Erfahrung seit vielen Leben dagegen spricht: So oft sind wir verletzt worden, so viele Male wurden unsere Erwartungen nicht erfüllt, so viele Male sind wir vom Leben hereingelegt worden. So jedenfalls lautet die tiefe Anklage, die ich oft in den Menschen gefunden habe. Und zu Recht, denn so waren die Erfahrungen. Aber haben diese Menschen der Liebe vertraut oder dem Ego? Nun, die Resultate zeigen es, denn ein guter Apfelbaum bringt gute, ein schlechter schlechte Früchte.

Wie immer sind wir meistens nicht der Liebe, sondern unseren Ängsten gefolgt, um uns abzusichern, zu schützen, unseren Besitz oder unsere Familie zu sichern usw., und sind dann auf die Nase gefallen, wieder und wieder. Und jetzt misstrauen wir dem Leben dafür, anstatt dass wir den wahren Schuldigen finden. Das waren nämlich wir selbst, die lieber der Angst und dem Ego gefolgt sind, als dem Leben zu vertrauen. Aber wir schieben es jetzt dem Leben in die Schuhe. Die Lösung wäre also:

Für die bisherigen Pleiten, Pech und Pannen die Verantwortung zu übernehmen; erkennen, dass wir bisher ja gar nicht dem Leben, sondern unserem Ego vertraut haben; die Quittung akzeptieren und neu entscheiden, zukünftig der Liebe und dem Leben zu vertrauen und auf Ängste nicht mehr zu hören bzw. sie aktiv aufzulösen. Erst dann, wenn wir von der Angst befreit sind, denke ich (sonst wäre es nur Bla-Bla), können wir dem Leben wieder volles Vertrauen schenken, erst zaghaft, dann immer mehr, bis wir wieder so ein Sterntaler-Kind im Geiste werden und alles vom Himmel empfangen können.

Ich glaube, es lohnt sich, denn das Leben ist so viel schlauer als wir und – hier habe ich auch lange gebraucht, es einzusehen – es weiß tatsächlich besser als unser Ego-Mind, was für uns dauerhaft gut und nützlich ist.

Wenn Sie wirklich ein mutiger Krieger sind und dies im Kampf gegen die Ängste auch bewiesen haben, wenn jene also mehr und mehr besiegt sind, dann können Sie wie im Märchen „Sterntaler" das Ultimative wagen, alles Alte zurückzulassen und dem universellen Leben und der Liebe vertrauen, sich hingeben und empfangen. Dies erfordert einen starken Willen, machtvolle Entscheidungskraft (weil alles dagegen spricht), großen Mut und ein großes Herz. Aber es ist möglich, und das ist der beste Rat, den ich Ihnen hier mitgeben kann.

Ausblick

Es gibt so vieles, was Sie täglich bedrängt, es unbedingt zu machen, so viele Aktivitäten und so viel Ablenkung und Zeitvertreib. *Doch was ist davon wichtig?* Welche Prioritäten sollten Sie setzen? Hier gibt es ein einfaches, altüberliefertes Gedankenexperiment, welches Sie jetzt oder später kurz selbst machen können, um diese Frage für sich beantworten zu können:

Entspannen Sie sich, und stellen Sie sich glaubhaft vor, Sie hätten nur noch wenige Stunden zu leben. Es ist so weit, wie es ja mal kommen musste, bei jedem Menschen und ganz unausweichlich, selbst für die Mächtigsten und Klügsten. Das ist ja bekanntlich das einzig Sichere im Leben, wie Buddha sagte. Stellen Sie sich also einmal diesen Fall vor: Ihre Uhr ist abgelaufen, und Sie müssen nun den Weg gehen, den wir im Körper alle gehen müssen. Von diesem Standpunkt aus, aber erst, wenn Sie sich in diese Lage auch emotional versetzt haben, schauen Sie bitte auf Ihr Leben zurück. Was war wichtig, was weniger und was nicht? Ist es so gesehen immer noch entscheidend, an diesem oder jenem Golfplatz zu spielen, oder dass jener Fußballverein siegt, oder Zeit mit diesen oder jenen Kumpanen oder Freundinnen zu verbringen? Diesem oder jenem hinterherzujagen? Fragen Sie sich auch; Wie habe ich meine bisherige Lebenszeit gebraucht oder verbraucht? Dann fragen Sie sich: Was wäre besser gewesen, was würde mir jetzt mehr Freude machen, wenn ich es getan hätte? Wäre es nicht viel wichtiger und sinnvoller gewesen, mehr zu reifen, mehr Liebe und Freude zu entwickeln, mehr mit anderen zu teilen und die eigenen Hindernisse, Blockaden und Ängste zu besiegen? Worum geht es in diesem Lebensspiel eigentlich? Was zählt am Schluss des Lebens? Nach welchen Kriterien würden Sie die Punkte verteilen und wie haben Sie bisher abgeschnitten?

Dies ist eine alte tibetische Übung, um zu lernen, das Leben jetzt schon so bewusst zu leben, dass man später nichts zu bereuen braucht, und in Frieden gehen kann. Vielleicht möchten Sie dies ja auch. Dann sollten Sie jetzt bewusst die Weichen Ihres Lebens so stellen, wie Sie es wünschen und wie Sie leben wollen, was Sie für wirklich wichtig halten und wofür Sie Ihre Zeit geben wollen. Haben Sie davon eine klare Vorstellung, dann entscheiden Sie mit der Macht Ihres Geistes, es jetzt und nicht später umzusetzen und so zu leben. Manche Krebskranke, so hört man, haben sich im Angesicht des Todes so radikal umentschieden, dass sie plötzlich wieder auf wundersame Weise gesund wurden. Warten Sie nicht so lange, bis das Schicksal zuschlägt und Sie die Lektionen auf die harte Art lernen müssen. Ändern Sie es jetzt, denn das kluge Pferd, so Konfuzius, gehorcht schon beim Schatten der Peitsche, was bedeutet, Einsicht ist klüger, als später zu leiden.

Um Ihr Leben statt als Lebenskampf besser mit Lebensfreude und Liebe zu führen, ist es vor allem nötig, die inneren Schatten und Ängste zu besiegen, denn sie sind es, die uns zu Angriff oder Verteidigung, zu Kämpfen oder Rückzug zwingen. Dies geschieht aber nicht, wie wir ausführlich dargelegt haben, indem man sie bekämpft und unterdrückt, sondern sie auflöst und integriert. So wird man wieder ganz und heil. Das wissen viele kluge Menschen schon länger, aber es war bisher gar nicht so einfach, jene Ängste aufzulösen. Diese Ausrede haben Sie jetzt aber nicht mehr. Tun Sie es oder tun Sie es nicht, es liegt jetzt in Ihrem Ermessen und Ihrer Entscheidung. Das Leben hat Ihnen hier einen – und es gibt sicher noch mehr – leicht gangbaren Weg gezeigt, und es ist sicher nicht zufällig, dass Ihnen dieses Buch in die Hände gefallen ist. Doch *den Weg müssen Sie selbst gehen*, der aber bietet eine große Belohnung, nämlich dass Sie wieder sorgen- und angstfrei leben können, wie „die Vögel des Himmels", die nicht arbeiten, aber doch versorgt werden, wie ein bekannter, großer Meister erklärte.

Die Vision einer angstfreien Menschheit

Stellen Sie sich doch zum Schluss einfach mal vor, was wäre wenn. Was wäre, wenn die Menschen immer weniger Angst hätten. Sie würden sich doch immer näherkommen, mehr Nähe zeigen, mehr kooperieren, es gäbe mehr Miteinander statt Gegeneinander, was ja meist aus Angst entsteht. Darüber hinaus könnte man solche Menschen nicht mehr manipulieren oder zu etwas zwingen. Dies geht nur über Angst. Hier entstünde eine große Freiheit, in der die Menschen wieder das tun würden, was sie für sinnvoll halten, ihnen gut tut, wozu sie in dieses Leben gekommen sind, und nicht das, was sie aus Angst tun zu müssen glauben. Niemand würde mehr Kriege führen, denn niemand würde dazu gezwungen werden können. Niemand könnte durch Werbung oder angstmachende Reden manipuliert werden, denn das kann man nur mit Menschen, die schon Angst davor haben, etwas zu verlieren oder etwas nicht zu bekommen. Wahre Freiheit entstünde, woraus wahre Nähe und Liebe entstehen kann. Denn wo keine Angst ist, da gedeiht Liebe unmittelbar.

Sollten Sie dies für wünschenswert halten, dann nehmen Sie sich die Zeit, *dies in Ihrem Leben umzusetzen*. Schauen Sie sich gezielt Ihre Ängste an und beginnen Sie, jene Stück für Stück aufzulösen. Selbst wenn es einmal nicht klappen sollte, dann lassen Sie diese Angst einfach beiseite und machen mit anderen weiter. Mit der Zeit werden Ihre Mitmenschen bemerken, dass Sie viel zentrierter, angstfreier, liebevoller, gelassener, souveräner und schöpferischer geworden sind und Sie deshalb sogar um Rat fragen. Dann können Sie ihnen gern Ihre Erfahrung mitteilen und diesen Weg dann „mit-teilen", also mit ihnen teilen, wenn ihr Herz es will und es Ihnen Freude macht. Doch kann ich sicher sagen, deren Befreiung, Freude und Dankbarkeit wird Sie bis an Ihr Lebensende begleiten und Ihre Lebensfreude noch vermehren. Das war jedenfalls meine Erfahrung.

Für alle gilt: Je weniger Angst auf der Welt ist, umso besser, und Sie tragen mit jeder Angstauflösung dazu bei.

Schließlich werden Sie erleben, dass Sie mit der Zeit und nach einiger Übung schon von vornherein nicht mehr auf Angst-Überzeugungen hereinfallen, sondern sich wie die dadurch berühmte Byron Katie schon beim ersten Kontakt mit einer Überzeugung fragen: Ist dies wirklich wahr? Weiß ich ganz sicher, dass dies wahr ist, und wie wäre es, mal das Gegenteil zu denken und es für wahr zu halten. Sie beginnen also, die Gedanken zu durchschauen und nicht mehr unbewusst auf sie hereinzufallen, sondern Sie werden logischerweise nur noch diejenigen auswählen, die hilfreich oder angenehm sind. Damit werden Sie zum Meister, vor allem zum *Meister Ihres Lebens*, der erkannt hat, dass alle Ängste nur aus Gedanken bestehen, die wir dann durch Glauben mit Energie versorgen und dann für wahr halten. Glauben wir sie aber nicht, dann bleiben sie bloße Überzeugungen. Und wie beim Update für Ihren Computer fragen Sie dann nur noch: Ist dieses Programm nützlich, hilfreich oder nicht, und Sie werden dann nur noch die für Sie angenehmen Programme auf Ihrem Rechner bzw. in Ihrem Bewusstsein haben. So einfach geht das.

Das neue Zeitalter – ein Zeitalter ohne Angst

Neben Ihrer persönlichen Entwicklung scheint auch die ganze Menschheit, wenn wir den Indizien und Voraussagen über ein neues Zeitalter glauben wollen, sich genau in diese Richtung zu entwickeln. Und indem Sie nun Ihre Ängste auflösen und vielleicht die Ihrer Familie oder näheren Umgebung, so können Sie bei dieser spannenden Entwicklung nicht nur in vorderster Linie mitschwimmen, sondern zugleich für viele, die nachkommen, einen Weg bahnen. Denn wie beim Experiment des hundertsten Affen gezeigt wurde, leben wir alle in einem einzigen Bewusstseinsfeld, in dem alle und alles miteinander verbunden oder verschränkt sind. Wenn Sie hier eine neue Idee aktivieren, dann schlägt dies Wellen ins Ganze, und je mehr Menschen es tun, umso mehr. Sobald einmal eine gewisse Menge von einigen Prozent der Menschen diesen Standpunkt erreicht hat, so ist eine Art neuer Weg gebahnt, dem die anderen Mitglieder der Population, in unserem Fall die übrige Menschheit, leicht folgen können und auch werden. Denn eine Population folgt immer den Meinungsführern. So könnte es sein, dass unsere Vision von einer angstfreien Gesellschaft schneller Wirklichkeit werden könnte, als unsere Schulweisheit sich derzeit träumen lässt.

Danke jedenfalls, dass Sie zu den Pionieren gehören, die neue, unkonventionelle Wege gesucht, gefunden und deshalb dieses Buch gelesen haben. „Fortes fortuna adiuvat", sagten schon die Römer („Das Glück unterstützt die Mutigen"), und dies gilt erst recht für die Arbeit im Bewusstsein. Sie gehören zu diesen Mutigen, die selbst damit beginnen, sich ihren Ängsten zu stellen und sie für immer zu besiegen, die damit über das kollektive Bewusstsein zugleich uns allen mithelfen, den Weg in ein von Ängsten befreites, liebevolleres Zeitalter zu ebnen. SDG

Copyright: Dr. Peter Reiter M.A. 2012

P.S. Tipp des Autors

Hier ein wunderschönes Lied von Claus Eisenmann zur Einstimmung auf die bevorstehende Freiheit von „Angst und Leid" mit dem Titel „FREI SEIN". Ich finde, es passt absolut zur Stimmung und zum Ziel dieses Buches und spiegelt Intention und Gefühl des Autors. Ein Herzöffner, zu hören auf: http://www.youtube.com/watch?v=Gqvvf5baOnk

Danke, Claus, für dieses wunderbare Lied, das sich genau wie mein Buch anfühlt.

Weitere Bücher aus dem Verlag Via Nova:

Dein Seelenhaus
Ein direkter Weg mit der Seele zu sprechen
Peter Reiter

2. Auflage

Hardcover, 200 Seiten, ISBN 978-3-86616-062-0

Spielerisch die eigene Seele erkunden, Vorzüge und Defizite seiner Persönlichkeit in wenigen Minuten erkennen lernen und dabei auch noch Spaß und Entdeckerfreude haben – geht das? Ja, mit der hier vorgestellten und neu entwickelten Methode von Dr. Peter Reiter ist dies einfach. Nicht nur, dass Sie endlich wissen werden, welche Talente und Fähigkeiten in Ihnen schlummern, Sie erkennen in diesem Bild des Seelenhauses sofort, schnell und sicher Ihre Defizite oder Bereiche, die der Zuwendung, Entwicklung und Heilung bedürfen.
Sie verändern mit dem Umbau des Seelenhauses auch Ihre Seelenmuster und von da ausgehend auch Ihre äußere Erscheinung und Ihr Verhalten zur Mitwelt. Dies funktioniert bei Ihnen selbst wie auch bei Ihren Freunden, Kindern, Partnern oder Klienten und Patienten – eine kurze Bildmeditation genügt, um das Innere zu erfassen. Es geschieht mühelos, nur über eine entsprechende Visualisation und Absicht, denn die Lebensenergie folgt den Gedanken oder Bildern.

Das Praxisbuch zum Seelenhaus
Erfahrungen und Übungen
Dr. Peter Reiter / Holger Weinbach

Hardcover, 256 Seiten, ISBN 978-3-86616-184-9

In diesem Buch erhalten Sie eine umfassende Einführung sowie Anleitung zur gesamten „Seelenhaus-Methode". Sie erfahren, wie Blockaden und Hindernisse aufgelöst, Probleme im Keller aufgeräumt oder gar Zeit- und Dimensionsreisen durchgeführt werden können. Zudem werden alle Neuerungen im Seelenhaus ausführlich beschrieben. In Erfahrungsberichten werden Heilerfolge durch diese Methode geschildert, die jeden Anwender ermutigen sollen, auch sein Seelenhaus zu dem Haus zu transformieren, das seiner Seele, also seiner Persönlichkeit, entspricht.

Dein Seelenhaus
Ein direkter Weg mit der Seele zu sprechen
Übungen – Meditationen, 2 CDs
Peter Reiter

2. Auflage

ISBN 978-3-86616-073-6

Hier nun die schon von vielen erwarteten zwei CDs mit den wichtigsten Meditationen zum Buch „Dein Seelenhaus" von Dr. Peter Reiter, der die Übungen noch einmal verbessert und verfeinert hat und sie auch selbst spricht, zusammen mit Renate Lippert. Sie können sich sanft mit Musikbegleitung entspannen sowie durch die geführten Visualisationen spielerisch leicht die eigene Seele erkunden und die Vorzüge und Defizite Ihrer Persönlichkeit in wenigen Minuten erkennen lernen. Dies geschieht mit Hilfe einer einfachen Metapher, die jeder versteht und sofort deuten kann – dem vorgestellten Seelenhaus, das mit Hilfe der ersten Übung auf dieser CD sofort in Ihrem Inneren auftaucht. Sie entdecken, welche Talente und Fähigkeiten in Ihnen schlummern und welche Anlagen Sie mitgebracht haben. In dem Bild des Seelenhauses erkennen Sie schnell und sicher Ihre Defizite, Blockaden oder seelische Bereiche, die der Zuwendung, Entwicklung und Heilung bedürfen – bei Ihnen selbst wie auch bei Ihren Freunden, Kindern, Partnern oder Klienten und Patienten, einzeln oder in Gruppen.

Dein Seelenhaus – die große Praxisreihe
Peter Reiter

6 DVDs, Laufzeit: 9 Stunden, ISBN 978-3-86616-221-1

Mit dem Seelenhaus sich erkennen und heilen. Die leichteste Art, mit der eigenen Seele zu kommunizieren. Lernen Sie die Kraft der Seele kennen und wie Sie diese zur Transformation aller Lebensbereiche einschließlich Beziehungen und Finanzen einsetzen können. Dies ist eine gemeinsame Entdeckungsreise in unser Bewusstsein, bei der jeder sein „Seelenhaus" entdeckt und über diese inneren Bilder seine Persönlichkeit vollständig kennen lernen kann, auch bislang verborgene Aspekte. Wir begreifen, wie und warum unser Leben funktioniert oder auch nicht. Ferner können wir uns im seelischen Badezimmer angenehm erholen und auch reinigen.

Die Kunst der Lebensfreude
Ein praktischer Weg zu mehr Lebensglück und Erfüllung
Peter Reiter

Hardcover, 264 Seiten, ISBN 978-3-936486-19-3

Der Verfasser macht in diesem Buch dem Leser bewusst, dass Lebensfreude, Glück und Erfüllung bereits in jedem liegen, wie die mystische Philosophie sowie auch die großen Religionslehrer verkünden. Der Zustand der Freude ist kein Fernziel, kein Endzustand weniger Heiliger, Erleuchteter oder gereifter Persönlichkeiten, sondern kann von allen Menschen hier und jetzt erfahren werden, wenn sie bereit sind, sich vom selbstgeschaffenen seelischen Ballast zu befreien. Diese Lebenskunst anzuwenden, die vom Lebenskampf zur Lebensfreude führt, wird jeden freier, glücklicher und vor allem liebevoller machen. Der im Buch beschriebene Weg der Lebenskunst erfordert keine Vorbildung, ist jederzeit möglich, wo immer man steht. Wenn die wenigen einfachen Regeln und Methoden dieser Kunst angewendet werden, werden Lebensaufgaben fortan mit Freude statt mit Leid ausgeführt, um geradezu „unverschämt glücklich" zu sein. Denn Glück und Unglück liegen einzig im Geist, und was ist wichtiger, als glücklich und lebensfroh zu sein?

Dynamische Aufstellungen
Heilung durch die Macht der Liebe / Peter Reiter

Hardcover, 240 Seiten, ISBN 978-3-86616-008-8

„Dynamische Aufstellungen" sind ein neues und geradezu sensationell wirkungsvolles Heilverfahren, das Elemente von Mystik und Spiritualität mit moderner Psychologie verbindet. Hier werden nicht mehr wie beim Familienstellen die beteiligten Personen, sondern vor allem die Emotionen und Energien des zu heilenden Konflikts aufgestellt und geheilt. Ein weiteres wesentliches Element ist die Ausrichtung auf die göttliche Liebesenergie und die dem Menschen innewohnende geistige Kraft, die durch die Intelligenz und Ganzheit des Geistes die Konflikte auf der Ursachenebene wieder in den Fluss bringt und empirisch nachvollziehbar hier oft Wunder wirkt. Dr. Peter Reiter hat mit diesem weltweit ersten Grundlagenwerk einen Leitfaden für Heilungssuchende geschaffen, mit dem der Leser Schritt für Schritt in diese zukunftsweisende Heil- Methode eingeführt wird. Zugleich bietet es fundierte Einblicke in die Wirkungsweise, die Hintergründe sowie die Umsetzung in der Praxis und ist somit eine unabdingbare Orientierungshilfe für Heilungssuchende und Therapeuten.

Die zeitlose Weisheit Meister Eckharts
Schritte ins Erwachen / Peter Reiter

Hardcover, 224 Seiten, ISBN 978-3-86616-163-4

Göttlichkeit, Glück und Erfüllung in sich finden durch Worte des großen Meisters und praktische Übungen des kurzen Weges Das Buch kombiniert die zeitlose Weisheit des größten deutschen Mystikers Meister Eckhart mit praktischen, zeitgemäßen, in zahlreichen Seminaren erprobten Übungen, um ganz direkt zu der Quelle aller Freude und des Glücks in uns selbst zu kommen. Der kurze Weg ist neben dem Stufenweg des Willens und der Erkenntnis der Weg der direkten Einswerdung und Verschmelzung, damit ein Weg der Liebe und zugleich der Gewissheit, dass alles nur im, mit und durch das Bewusstsein geschieht. Du bist selbst Bewusstsein, und in dessen Grund wirst du durch Bereitung, Hingabe und Liebe Gott direkt erfahren, in der Vereinigung noch über diese letzte Dualität hinausgehen und im reinen Gewahrsein, im Einssein verharren: reines Nichts und zugleich reine Liebe, die alles erschafft! Dieses Buch versteht sich als Wegweiser dorthin und Praxisbuch zugleich.

Geh den Weg der Mystiker
Meister Eckharts Lehren für die
spirituelle Praxis im Alltag / Peter Reiter

Hardcover, 304 Seiten, ISBN 978-3-936486-37-7

Noch nie war Mystik so spannend, so aufregend! Zeitgemäß, lebendig und alltagsorientiert vermittelt der Meister-Eckhart-Experte Peter Reiter die Lehre des größten deutschen Mystikers – exemplarisch für alle mystischen Traditionen. Die Kraft und Inspirationen der Lehre Meister Eckharts werden hier so vermittelt, dass sie direkt ins Herz des Lesers fließen. Schritt für Schritt begleitet Peter Reiter den Suchenden an den Ort, wohin der alte Meister schon seine Zuhörer führte: zur unmittelbaren Erfahrung des All-Eins-Seins inmitten der Welt, ins Hier und Jetzt! In allen Lebensbereichen kann das Göttliche geahnt, gefühlt und erfahren werden. Der Weg zum Ziel führt mit entsprechenden Übungen über verschiedene Etappen: Mitgefühl mit allem Sein, leben in Gelassenheit, Widerstand aufgeben, die Welt annehmen, Verantwortung übernehmen, Altes bereinigen, Bewerten und Verurteilen sein lassen, mit Trauer und Leid umgehen und die Liebe leben. Die Übungen im Geiste Eckharts stammen aus verschiedenen mystischen Schulen und geistigen Traditionen.

Wie Beziehungen wirklich gelingen
Neue Wege für Liebe und Partnerschaft
Jeff und Sue Allen

Hardcover, 256 Seiten, ISBN 978-3-86616-210-5

Beziehungen sollten eigentlich der Himmel auf Erden sein, aber genau das Gegenteil ist fast immer der Fall. Die Liebe zum Partner liegt unter dem Schmerz ständiger Auseinandersetzungen, gegenseitiger Schuldzuweisungen und tiefer Verletzungen vergraben. Jeff und Sue Allen zeigen in ihrem Buch nicht nur die verborgenen Triebkräfte auf, die in allen Beziehungen am Werk sind, sondern auch Wege, sie zu erkennen und zu verwandeln. Anhand ihrer eigenen authentischen Geschichte nehmen sie den Leser mit auf eine Reise durch die Stadien, Gefahren, Irrgärten und Fallen, die es in einer Beziehung zu überwinden gilt, um zu wahrer Liebe und echtem Glück zu gelangen.

Den Tiger reiten
Vision einer neuen globalen Ökonomie
Peter Reiter

Paperback, 320 Seiten, ISBN 978-3-86616-134-4

Das Buch fasst die 10 grundlegenden Kritikpunkte an unserer Wirtschaft zusammen, die im Informationszeitalter noch mit Leitbildern und Paradigmen des überholten Industriezeitalters arbeitet. Es zeigt auf, dass dies in eine große Krise führt, wenn Management und Wirtschaftsführer nicht umdenken, um diesen Wandel zu bewältigen. Der Autor, selbst Unternehmer, aber auch Philosoph und Businnes-Coach, bietet die Vision einer neuen Wirtschaft an, die vorrangig wieder den Menschen dient und langfristig Nutzen für alle bringt: ein Wirtschaften mit Vernunft und Herz, wo Manager als Unternehmer globale soziale Verantwortung übernehmen für ihr Tun und die Folgen und dabei zugleich Profit erwirtschaften. Die Wirtschaft wird dargestellt als Tiger, der wegen seiner Macht gefürchtet wird, aber gezähmt werden kann.Wer als Unternehmer überleben will, muss schnellstens lernen, den Tiger zu reiten. Das Buch zeigt ganz neue, klare und praktische Methoden aus der Bewusstseinsforschung, dies in kurzer Zeit bei sich und im Unternehmen umzusetzen.

Heilung von Schuldgefühlen
Das Geschenk des inneren Friedens wieder erfahren
Chuck Spezzano

Hardcover, 256 Seiten, ISBN 978-3-86616-197-9

Schuldgefühle – wer kennt sie nicht? Schuldgefühle bewirken, dass wir uns herabsetzen und uns für das bestrafen, was wir getan zu haben glauben. Chuck Spezzano nähert sich diesem Thema mit der ihm eigenen Mischung aus Humor und Tiefgründigkeit. Er zeigt in seinem wachrüttelnden Buch nicht nur, wie es gelingen kann, die oftmals tief im Unterbewusstsein verborgenen Ursachen unserer Schuldgefühle aufzudecken, sondern stellt auch Wege vor, wie sie geheilt werden können. Seine Prinzipien werden anhand von Übungen und Fallbeispielen aus seiner langjährigen Praxis als Therapeut veranschaulicht. Die wichtigste Botschaft des Buches lautet, dass in seinem innersten und unveränderlichen Wesenskern jeder Mensch unschuldig ist.

Dem Geheimnis der Gedanken auf der Spur
Das Gehirn wächst mit seinen Herausforderungen
Prof. Dr. Gela Weigelt

Paperback, 160 Seiten, 70 farbige Fotos, ISBN 978-3-86616-191-7

Nicht nur die Leber, auch das Gehirn wächst mit seinen Aufgaben und Herausforderungen. Die Neurowissenschaften zeigen uns, wie Gedanken im Gehirn als In-Formationen „entstehen". Die moderne Physik beweist, dass es eine Quantenwelt „hinter" dem Gehirn gibt, in der diese Informationen enthalten sind, und die Spiritualität liefert die zeitlosen Erkenntnisse über die „wahre Natur" der Gedanken. Dieses Buch bietet eine Synthese aus Wissenschaft und Spiritualität. Zahlreiche farbige Bilder erläutern den Text und führen so zu einem tiefen Verständnis des Geheimnisses um die Gedanken, die in unseren Gehirnen auftauchen.